- 四川省2021—2023年高等教育人才培养质量和教学改革项目（JG2
- 四川省教育厅高校思想政治工作队伍培训研修中心（西南交通大学）2
  政治教育研究课题（高校辅导员专项）（CJSFZ22-29）
- 2022年度成都大中小学思想政治工作研究基地课题（DZX202234）
- 成都大学辅导员名师工作室专项经费资助

嘤鸣微语
——高校辅导员网络育人微语集

杨龙　李维◎著

四川大学出版社

图书在版编目（CIP）数据

嘤鸣微语：高校辅导员网络育人微语集 / 杨龙，李维著. 一成都：四川大学出版社，2023.2
ISBN 978-7-5690-5853-6

Ⅰ. ①嘤… Ⅱ. ①杨… ②李… Ⅲ. ①高等学校－辅导员－工作－文集 Ⅳ. ①G645.1

中国版本图书馆 CIP 数据核字（2022）第 238715 号

书　　名：	嘤鸣微语——高校辅导员网络育人微语集
	Yingming Weiyu—Gaoxiao Fudaoyuan Wangluo Yuren Weiyuji
著　　者：	杨　龙　李　维

选题策划：	梁　平
责任编辑：	梁　平
责任校对：	杨　果
装帧设计：	裴菊红
责任印制：	王　炜

出版发行：	四川大学出版社有限责任公司
地　址：	成都市一环路南一段24号（610065）
电　话：	（028）85408311（发行部）、85400276（总编室）
电子邮箱：	scupress@vip.163.com
网　址：	https://press.scu.edu.cn
印前制作：	四川胜翔数码印务设计有限公司
印刷装订：	四川煤田地质制图印务有限责任公司

成品尺寸：	170mm×240mm
印　　张：	8
字　　数：	154千字

版　　次：	2023年5月 第1版
印　　次：	2023年5月 第1次印刷
定　　价：	48.00元

本社图书如有印装质量问题，请联系发行部调换

版权所有　◆　侵权必究

扫码获取数字资源

四川大学出版社
微信公众号

序

党建思政、心理健康、群团工作、奖励资助、班级建设、职业发展……高校辅导员的工作几乎涵盖了大学生成长的各个环节。与年轻人亦师亦友，和时代青年共同奋进，他们是为学生排忧解难的知心人，也是带领学生认识中国社会、投身伟大事业的引路人。

有人说，高校辅导员，就是要给予学生学习生活上的"辅"助、成长发展上的指"导"，并且融入青年群体、成为年轻人的一"员"。为青年护航的日日夜夜，高校辅导员也与青年一同成长；学生的喜爱与信赖，汇聚成激励他们继续坚定前行的力量。长期以来，成都大学始终坚持中国特色社会主义办学方向，铸魂育人、守正创新。创立于2015年的"嘤鸣微语"网络文化育人项目经过七年的探索实践，坚持"使用与满足"的思政传播策略，遵循"互联网思维"的思政时代逻辑，整合资源，协同联动，逐步建成了可示范、可引领、可辐射的网络文化育人品牌。

"嘤鸣微语"网络文化育人项目切近学生需求，将青年学生需要听、未听透的内容从课堂搬至舞台，形成了课堂内外的"联动效应"；立足网络场域，聚焦青年网络化生存趋势，同步设置网络思政议程，在"碎片化""多元化""交互性"网络环境中增进思政话语的"整合性""引领性"和"交往力"，形成了思政话语引导的"矩阵效应"。

《嘤鸣微语——高校辅导员网络育人微语集》是"嘤鸣微语"网络文化育人项目七年来的文字总结和产品呈现。该书遵循育"成型"、育"成人"、育"成才"、育"成就"的"四成"育人模式，在学生大学一年级时重点开展习惯养成教育和遵纪守法教育，帮助初入大学的青年学生养成良好习惯，自觉遵守纪律；在学生大学二年级时重点开展素质提醒教育和道德修养教育，让学生在良好学习习惯的基础上帮助其提升素质和修养，提高能力和境界；在学生大学三年级时重点开展理想信念教育和人生目标教育，帮助对现实迷茫的青年学生增强自信、明确目标，树立良好的择业观、就业观和创业观；在学生大学四年级时重点开展感恩母校教育和青年责任教育，帮助学生对过去有反思、有总结、有感激，对未来有期待、有希望、有勇气，了解自己的收获与不足，树立新的理想和目标。

《嘤鸣微语——高校辅导员网络育人微语集》是"嘤鸣微语"网络文化育人项目七年来持续探索的阶段性小结，也是一线辅导员站在新时代思政教育的历史潮头再出发的崭新起点。我们将始终牢牢把握立德树人根本任务，抓住当下、传承根脉、面向未来，坚持和加强对思政教育的有益探索和实践，在青年心间播撒信念的火种，燃起耀眼的理想之光。

目　录

第一篇　大一"成型"篇

成大，梦想开始的地方	(003)
我的大学，我的梦	(004)
世界那么大，我想去看看	(006)
认识一个真正的成大	(007)
如何轻松地面对大学	(008)
无规矩，不成方圆	(010)
如何更好地阅读	(011)
治学与读书	(012)
挂科不光荣	(013)
我青春，我活力	(014)
旅行的意义	(015)
作别2015	(017)
作别2018	(018)
启航2020	(019)
旅行的意义	(020)
那些年，那些事	(021)
我只愿你能够成为一个善良的人	(023)
让未来的你喜欢现在的自己	(025)
生活没有无意义的日子	(026)
大学不怕经历挫败	(027)
何谓成功	(028)
成长的阵痛	(029)
用诚意过好每一天	(031)

平凡世界中的美好 …………………………………………… (033)
阅读会让我们受益无穷 ……………………………………… (035)
怀一颗初心，勇敢地飞向明天 ……………………………… (036)
读书，是为了做更独立的自己 ……………………………… (037)

第二篇 大二"成人"篇

开学，说点什么 ……………………………………………… (041)
世界是自己的，与他人毫无关系 …………………………… (043)
美德少年四川行 ……………………………………………… (044)
关于情操、修养、自律、坦荡 ……………………………… (046)
每个人的心里都应住着一只"虎" …………………………… (047)
说一说格局 …………………………………………………… (048)
人生需要专一 ………………………………………………… (050)
注重细节小事 ………………………………………………… (051)
慎独、慎染、慎微、慎初、慎终 …………………………… (052)
心美一切皆美 ………………………………………………… (053)
写给助理团各位成员的几句话 ……………………………… (054)
百团争艳　跃动青春 ………………………………………… (055)
努力做一名出彩的成大人 …………………………………… (056)
辅导员微语 …………………………………………………… (057)
我们需要建立一个什么样的学生会 ………………………… (058)
陪伴是最长情的告白 ………………………………………… (059)
关于阅读的力量 ……………………………………………… (060)

第三篇 大三"成才"篇

说一说青春中国梦 …………………………………………… (063)
灯塔存在于你我内心 ………………………………………… (064)
寒假当养"静能量" …………………………………………… (065)
多读一些"无用"之书 ………………………………………… (067)
常怀敬畏之心 ………………………………………………… (068)
在路上 ………………………………………………………… (069)

一个人的时候想点什么……………………………………………………(070)

第四篇　大四"成就"篇

新时代召唤什么样的青年……………………………………………(075)
我和我的祖国……………………………………………………………(077)
雷锋精神，点亮心灵的火种……………………………………………(078)
用行动发扬"主人翁"精神……………………………………………(081)
永远在路上………………………………………………………………(083)
求职季，心当养静气……………………………………………………(084)
写在我的毕业季…………………………………………………………(085)
写在你的毕业季…………………………………………………………(087)
耐心很重要………………………………………………………………(089)
与学生谈心的思考………………………………………………………(090)

第五篇　职业成长篇

用实际行动践行社会主义核心价值观
　　——写在四川省第23届高校新任教师职业技能培训之际…………(093)
真心换好梦
　　——成都大学第五届"依法治校　廉洁从教"演讲实录…………(096)
胸有格局立天地　立德树人谱新篇
　　——写在成都大学2016年辅导员技能大赛网文写作之际…………(098)
坚守情怀　领航青春
　　——在成都大学2020年度十佳辅导员评选大会上的发言…………(100)
公寓育人工作发言实录…………………………………………………(102)
师者，应"修于内"……………………………………………………(104)
静心笃行，绽放精彩……………………………………………………(106)
以花为媒，遇见最好的自己……………………………………………(108)
梦…………………………………………………………………………(110)
故乡记忆…………………………………………………………………(111)
陪你走向未来……………………………………………………………(112)
跑步………………………………………………………………………(113)

成都，一座水做的城························(114)
走出蓉城看美景··························(115)
北京这座城，成都那座城····················(118)
走在笔端看世界··························(119)

第一篇　DI YI PIAN

大一"成型"篇

成大，梦想开始的地方

成大，梦想开始的地方，它领着我们向前走。
携着伊始的梦想走在历史的舞台上，尽情追逐自己未来的人生：
我们会跌倒，我们会爬起；
我们哭过，我们笑过；
我们失败过，我们也成功过。
此时，我们离梦想如此的近！

等到你，真好！
等到你，我们共同大踏步走在"自时代"。
"自时代"确实带给人以最大限度的自由、自主，但也很容易使人自由散漫、自说自话，很容易让人沉溺于自娱自乐、自我放纵。因热衷于做"网红"而自吹自夸、自恋自大，或反向的自怨自艾、自闭自卑，甚至自残自毁，在这个时代也并不鲜见。
因此，如何在"自时代"趋利避害，老师将带领大家一起面对。

我的大学，我的梦

从中学到大学，是我们一生中最重要的转变之一。在这短短的三四年中，我们将经历巨大的人生蜕变。大学是神圣的，汇人类历史和现实之研究，容天下能容和可容之思想。古往今来多少人正是通过大学开启了个人幸福之门，成为社会的栋梁，获得了骄人的业绩，推动了社会的进步。大学生活是精彩的，在大学，大家将真正见识到什么叫高手如云，体会到从生活到思想的独立成长，开始肩负家人和社会的期望。

衷心祝愿每一位进入成大的学子，真正从嘤鸣湖畔起步，度过一段不负自我、不负青春的大学时光，不断从优秀走向卓越，成长为经世治国的栋梁之材。

期待胸怀伟大理想抱负的同学们，能够时刻情系城镇乡野，用自己的青春完成时代的作业，待聚木成林，指点这三山五岳。

你既宣誓，就务必挺起这精神的脊梁。

安静地思考、平静地吸收、执着地探究，重建内心的象牙塔，为自己摆放一张安静的书桌。静思，勤学，笃行。

让这精气神内化于骨髓之中，从优秀走向卓越。

大学最重要的职责之一就是帮助大家寻找到属于自己的人生方向。在成大的三四年，大家将崇真尚美，彰善瘅恶，讲信修睦，保持敏锐的思维，让精神更加高贵、心智更加成熟、格调更加高雅。这需要大家向智者请教，与书籍经典为伴，与不同文化交流，与优秀者同行。

大学以学成其大，学什么，如何学？在用一部手机就可以迅速地了解天下大事、知乎和百度就可回答各种疑问的今天，课堂、实验室、讲座、讨论小组，对大家来讲还重要吗？答案是不言而喻的。碎片化的知识可以让我们在人际交往中有一定的谈资，却解决不了知识体系的健全和综合能力提升的大问题。与基础教育不同，大学的学习需要大家迅速地从知识获取过渡到掌握知识获取的方法，以应对越来越短的知识半衰期。培养识别、分析、解决问题的能力在大家未来的职业生涯中弥足珍贵，更是高等教育的精华之所在。

任何时代的青年，都与理想主义同样亲近，但理想的实现，是长时间专注和持之以恒努力的结果。大学是一个相对自由的地方，可以做自己想做的事，可以关注自己感兴趣的话题，可以全身心投入自己兴趣所在的事业中，但大家也应该明白，仅仅凭兴趣做一件事是不可能长久的，真理的探索和积累中必有艰辛和坎坷，必有孤独和舍弃。如果大家确定想做某事，想满足自己某方面的好奇心，那就不能让光阴在游戏、朋友圈、水吧、淘宝里蹉跎，图书馆、实验室、社团、学习沙龙都是好去处。大家要以甘于寂寞的坚持和不怕被打败的勇气，朝着自己的目标前进，把一件一件事做到极致。走正确的路，做正确的事，把正确的事做正确、做精细。

时间掌握在自己的手里，每个人都可以拥有光明的未来，这是我们最大的财富。

大学里，我们应该早起床，跑跑步，锻炼锻炼身体；

大学里，我们应该认真听课，做好笔记，写好课程感悟；

大学里，我们应该捡拾起大量零碎的时光，阅读一些有内涵的书籍；

大学里，我们应该中午小睡一会儿，下午参加个社团活动，晚上陪着室友或"童鞋"散散步、聊聊天，或去自习室安静地看看书。大学不需要填鸭式的学习，我们需要寻找到自己的兴趣，学好专业知识……

期待大家在这个下雨的日子里，静心思考，静心感悟。

世界那么大，我想去看看

曾经因"世界那么大，我想去看看"一句话走红网络的河南省实验中学女心理教师顾少强老师，将做客成都大学"CC空间创客校园行"旅游与会展学院专场"创客先锋说"。有人曾评论说，这是极具情怀的辞职信，因为这10个字确确实实打动了许多人，击中了许多人内心最柔弱的地方。

人各有其洒脱，洒脱其洒脱。一些人会背起行囊走一走、看一看全省、全国乃至全世界的各路风景；而一些人却可能只是希望在阳台上摆放一把摇摇椅，躺在椅子上眺望一下远方。

"世界那么大，我想去看看"，它是一种勇气，它是尽情释放生命的激情，追逐新的体验，是想到与做到的有效统一。在具体事例中，顾老师现已自主创业，担任乡村旅游酒店负责人。她曾经为了"世界那么大，我想去看看"的心愿辞去了一份待遇丰厚且稳定的工作。由于她确信：我有我的双手，但凡我努力，不愁找不到新的工作。因而，今天所有美好的结果皆是当初关于这种勇气与体验的注脚。看着别人洒脱，我们也会快乐。

只有把青春的每一个梦都做踏实了，当你们真正甩开双臂行走于这广阔天地间的时候，方能有底气、有志气、有骨气，有种种成功所需要的良好品质。

同时，人生也只有以底气为基石，方能万丈高楼平地起，方能站于巅峰之上去拥抱成功。

认识一个真正的成大

　　平日晨间，我会独自一人漫步于嘤鸣湖畔，看叽叽喳喳的鸟鸣唤醒外东十陵一宿的沉睡，轻轻采撷几朵生命的浪花，装进行走的背包里。每一滴都是那么的真实，每一滴都是那么的纯洁，每一滴都是那么的晶莹剔透。

　　抬头仰望满眼金色银杏，张澜大道上的片片落叶早已铺成长长的金色地毯，好似在迎接一场秋日的收获盛宴。这一切美得是那样纯粹，那样浪漫，让我在眩晕之后，止不住加快了心跳！

　　话说世间存在一种美，名叫安静。在安静的生命中，一切外在的物质形式就像风中的浮云，每日伴随着一杯香茗，信手拈来一本床头书，伴随着这美妙清浅的时光，跟随书的主人去寻找那一份心灵的宁静，去品味书中对人生、灵魂以及人性的感悟，诗心款款，暗香盈满心房。

　　抬头仰望蔚蓝色的天空，自信漫步于嘤鸣湖畔，与成千上万有梦的成大人站在一起。每每黎明时分，在体育馆旁、成澳友谊见证楼前、八教人文景区以及成大民宿行走的你我他，都会瞬间定格为这里最靓丽的青春符号。在新阶段的学与乐中，期待你们在这里寻找到未来的人生方向。

如何轻松地面对大学

1. 让高考的成败成为过去

不管你的高考成绩如何，进入的大学如何，都请接受现在的大学，热爱你的大学，因为每个大学都有足够优秀的人，每个地方都可以有你施展的舞台。

2. 认真对待学习，尽量拿高分

学习任何时候都应该是学生的主业。不要觉得不挂科就行，找工作、升学很多时候都要看绩点，学习成绩虽然不能代表你的个人能力，但是能够表明你大学时的学习态度和积极状态。尤其当你准备要升研或者出国的时候，你就会懊恼当初为什么不多考几分。

3. 别总是待在宿舍

宿舍很舒服，想坐就坐，想躺就躺，游戏、刷剧、零食、外卖……在宿舍学习效率高的同学有，但是凤毛麟角。记住，宿舍只是一个休息的地方，多去图书馆和自习室，你会发现学习的氛围大不一样。

4. 记得锻炼身体

都说大学是个美容院，毕业时是干练还是油腻，就看大学几年对身材的控制。大学的操场是免费的，健身房是不贵的，毕业后的你一定会怀念大学的设施。

5. 不要和别人比较

每个人的家庭环境和成长情况都是不一样的，同一个班级、同一个宿舍的同学，条件也往往有差别。过往的条件是家庭给的，未来的前途可以自己创造。你可以去羡慕别人，不要去嫉妒别人，努力做自己就行。

6. 要学会一个人生活

人生道路很漫长，不要因为寂寞去谈恋爱，人生道路就是要自己走，看书、锻炼、旅游，一个人的大学也可以很精彩。

7. 不要随意评价别人

不要随意评价别人，你不知道他的背后有怎样的故事，你的"理所当然"

可能在他那里就是"用尽全力"。不是所有人都要按照一个标准成长，要学会接纳和包容身边的人和事。

8. 不要在冲动的时候做决定

学会沉稳，不随意表露自己的情绪，遇事沉着，不要情绪用事。三思而后行，做决定前深思熟虑，决定之后绝不瞻前顾后，学会断舍离，这是智慧，也是哲学。

9. 培养一个兴趣爱好

兴趣爱好可以是唱歌、跳舞、画画，也可以是跑步、打篮球、打羽毛球等。兴趣爱好是可以相伴终身的，可以帮助你在失意的时候找回状态，就像一个老友，会默默陪伴你。

10. 毕业规划越早做越好

都说人无远虑，必有近忧，大学三四年看似很长，实则很快，规划越早越好。如果不知道自己的目标在哪里，那就去咨询老师和学姐学长。去尝试，进实验室，做科研项目，实践总是会出真知的。

无规矩，不成方圆

其实，我一次次强调军训纪律，只是希望大家在初入校园感到迷茫的日子里能够切实地规范自己，同时能够以军训为契机，在今后的学习生活中，不断超越自我、历练自我，把从教官身上学到的好思想、好作风、好传统发扬光大，以饱满的热情投入今后的学习和生活中，以良好的心态接受人生道路上的磨炼和考验。

无规矩，不成方圆。
我们知道纪律在社会生活的方方面面都占据着举足轻重的地位。公共场所需要纪律，工厂运行需要纪律，行军打仗需要纪律，学校教学需要纪律，学生学习也需要纪律，等等。
总之，只有遵守纪律，才能明理树信。与此同时，纪律也是执行路线的保证。一支军队如果没有铁的纪律，那么它是不可能取得胜利的。

有人说，学习不是生活的全部。但如果连学习都不愿努力，又能把生活过得怎么样？推及军训，亦是如此，以前可能会抵触它、反感它，但现在回头想想，如果连军训的挑战都不愿迎接、不能坚持，那么以后面对更大的考验甚至是更远大的梦想，支撑我们的意志力、品格又从何而来？
心自比天高，我们有想要守护的人与梦想，朝气蓬勃的我们更当自强。自强，是坚强的意志力，是严于律己的狠劲儿，是"坚持就是胜利"的信念，是不过分依靠别人的独立，更是"先做人再做事"的恪守……这份自强的精神与意识，对于欲立足于社会的我们来说不可或缺，毕竟激烈竞争的社会对弱小者的仁慈终是有限。我相信，自强不息的态度将贯穿每个勇于奋斗的人的一生，使他们温柔而不失力量。

如何更好地阅读

昨晚陪着同学们一起上晚自习，看着大家《微积分》课本上满篇的读书笔记，看着大家在草稿纸上反复运算、演练，看着大家奋笔疾书的样子，感觉真的如一些人说的那样，"感觉大学并不像我想象中的那么轻松自在，这明明是人生的高四"。

我相信这些日子大家还没有完全适应大学阶段的学习。我希望大家都能够积极去适应现在的学习环境，同时切实寻找适合自己的阅读方法。

冯友兰先生在他的《我的读书经验》里介绍了三种读书方法：

所谓精读，是说要认真地读，扎扎实实地一个字一个字地读。所谓泛读，是说可以粗枝大叶地读，只要知道它大概说的是什么就行了。所谓翻阅，是说不要一个字一个字地读，不要一句话一句话地读，也不要一页一页地读。就像看报纸一样，随手一翻，看看大字标题，觉得有兴趣的地方就大略看看，没有兴趣的地方就随手翻过。

总之，不管你具体采用哪一种行之有效的方法，我都希望大家能够将它变为你的一种生活方式，在这个过程中，慢慢地了解自己，慢慢地爱上阅读。

我个人平日比较喜欢阅读一些古典名著，提升一下自己的人文素养与修养。

我始终比较赞同叔本华在《意志决定命运》中所说的："没有什么比阅读古老的经典作品更能使我们神清气爽的了。只要随便拿起任何一部这样的经典作品，读上哪怕是半个小时，整个人马上就会感觉耳目一新，身心放松、舒畅，精神也得到了纯净、升华和加强，感觉就犹如畅饮了山涧岩泉。"

同学们，你们觉得怎么样？

是不是需要改变一下自己的阅读习惯呢？

治学与读书

说起治学与读书，王国维在《人间词话》中说："古今之成大事业、大学问者，必经过三种之境界：'昨夜西风凋碧树，独上高楼，望尽天涯路。'此第一境也。'衣带渐宽终不悔，为伊消得人憔悴。'此第二境也。'众里寻他千百度，蓦然回首，那人却在，灯火阑珊处。'此第三境也。"青年学子正处于人生的"拔节孕穗期"，需要精心引导和栽培。如果要找到深植于内心的梦想，汇聚成长的动力，让逐梦征程心无旁骛、守真志满，其良策便是怀家国情、立鸿鹄志、勤学苦练。

青少年阶段是人生的"拔节孕穗期"，需要在爱读书、勤读书、读好书、善读书中勤学苦练，提高思想水平，解决实际问题，实现自我人生旅程的厚积薄发。要有"望尽天涯路"那样志存高远的追求；要有耐得住"昨夜西风凋碧树"的清冷和"独上高楼"的寂寞，静下心来通读苦读；要勤奋努力，刻苦钻研，舍得付出，百折不挠，下真功夫、苦功夫、细功夫，即使是"衣带渐宽"也"终不悔"，"人憔悴"也心甘情愿；要坚持独立思考，学用结合，学有所悟，用有所得，要在学习和实践中"众里寻他千百度"，最终"蓦然回首"，在"灯火阑珊处"领悟真谛。读书不仅要有明确的目标、有不移的恒心，还要提高读书效率和质量，讲求读书方法和技巧。向着知识海洋的更深处游去，我们就会看见一片更宽广的海。

挂科不光荣

"考试周"的说法大概独属于大学。

大学的期末考试并不像中小学时代的紧锣密鼓，一鼓作气，一两天内考完。大学里的考试大概需要一周甚至两周的时间，在这一两周，所有专业不上课，间隔两三天考一门，这也就给大学生一边考试一边复习留足了时间。

因此，此段时间占座现象疯狂上演，图书馆、教室甚至食堂里一些适合学习的座位，都成了学生们占座的主要战场。

即便是在"大学没有挂过科，不算是完整的大学"这样的言论盛行的现在，我相信也没有人愿意主动挂科。那意味着一个假期的忐忐忑忑和每次开学的压力山大。

我担心的是，当你慢慢地习惯了自己的这种状态，你慢慢地对挂的越来越多的科目变得麻木，那个时候，也许对你真的没有什么是有所谓的了。

我相信，这样一种状态的你在离开大学的那一刻，必定是一无所有的。想想多么可怕，四年，你什么都没有留下，却带走了一个不再有梦想、不再有斗志、日渐麻木的你。

我青春，我活力

昨日中午我来到我校 2015 年"双十佳"评选展示现场，看到同学们以各种有活力、有创意的方式来展示"双十佳"大学生的风采。

今天起床，整理好内务，在洗澡的时候还在想昨日学生们的精彩表现，但回归于现实之中，对于后来居上者，又如何引导他们从优秀走向卓越呢？

试想，昨日靓丽的青春记忆之所以可贵，并不是因为她一去不返，而是因为在追寻青春梦的岁月里，关于青春的记忆和奋斗的图腾永远不会消逝。

要感谢在你们青春里出场的每个人，无论走过多少流年，他们就在那里，无须言语，一个微笑就足够美好，因为你们可以读懂彼此。

此去经年，愿同学们如今日的"双十佳"一般，既有前程可奔赴，也有岁月可回头。

祝好，青春！

旅行的意义

有人曾说："旅行，是人生最奢华的享受。"我个人认为，一次旅行是一次与过往的自己邂逅，一次纯粹的净心之旅，它让我们在物心转换之间邂逅自我，寻找着初始的净心。

在平日的学习、生活中，我们或许在有意或无意地寻找自己在大学中的角色，却常常忘了自己生活在这朴素的自然之中。当真正想静下心来寻找自我时，却发现渐渐地迷失了自己，就像这几天，有些同学来找我，说他有点迷茫，有点找不到自己的人生目标。

我个人认为，对于刚进入校园的你们，随着对周围环境的适应，可能会慢慢失去原有的兴趣。我坚信，旅行是一场最美的修行，在行走的旅途中可以不断地思考：自己的生活轨迹是否正确，我们在人生的分叉路口做的抉择是不是我们真正想要的。行走中经过的每一个地方，当地的人、事抑或风土人情都会刺激我们内心深处柔软的神经。我们不再拘泥于城市的樊笼，面对纯洁的土地、明媚的阳光、肆意的山水，还有那自在的人们，由衷地感谢生命中出现的这一切美好。

国庆小长假最后一天了，想必大家已经做好了静下心来全身心投入未来学习的准备。

这些日子，大家通过不同形式秀着自己的快乐时光，我们每个人都有权利用自己喜欢的方式过好这一生，世界那么大，你当然可以去看看。只是又涉及另外一个问题，这场"看看"，它确实不是免费的午餐，一样需要资本和条件，若没有实力，出去转一圈回来，只能发现自己的学习依旧没搞好，未来进入职场工作更难找。

徐霞客"辟田若干顷，藏书数万卷"，家里有一座"万卷楼"专门用来藏书，徐霞客出门游历前的22年都在这里刻苦学习、博览群书；李白走遍大好河山，是因为有斗酒诗百篇的才情，有洒脱面对贬官流放的胸襟。如果你的这场"看看",没有足够的技能傍身,没有足够的盘缠壮胆,没有储备基本的生活常识和自救知识,没有学习天文地理、风土人情,只是为了那些朋友圈非发不可的照片,那些眼巴巴等着别人来点的赞……那这样的旅行意义何在?

所以,生命原本就是一场旅程,我们天天都在路上。期待大家在物心转换之间寻找到内心的平衡,在光影平衡之中寻找到初始的净心,努力寻找远方的自己。

世界这么大,我该不该去转一转、看一看?

还记得席慕蓉在《独白》中曾说:"在一回首间,才忽然发现,原来,我一生的种种努力,不过只是为了周遭人对我满意而已。为了博得他人的赞许与微笑,我战战兢兢地将自己套入所有模式,所有的桎梏。""走到中途,才忽然发现,我只剩下一副模糊的面目,和一条不能回头的路。"

你可能有一颗浮躁的想要看遍世界的心,可是最后你会发现,可以带你看遍世界各地的,不是你的浮躁,而是你的踏实、你的执着。林语堂先生在《吾国与吾民》中说过,发扬过去而绘画未来是容易的,检阅现在而冀获未来之光明与了解是困难的。因为在光荣的过去与可能的未来二者之间,横亘着一个山谷,你要跨过它,必先下降然后上升。

因此,如要真正成为一个能做大事的人,必定要不怕吃苦受累,养成坚忍的性格。

作别 2015

有人曾说过：我既不是千万富翁、百万富翁，也不是文化商人，更不是文化诗人，我不过是一个佩戴着桂冠的文化乞丐，一个行走在大地上的异乡者，在通往精神的诗与思的途中，书山为径，书生意气，至死不渝。

时光匆匆，真心不知道时间都去哪里了。闲下来读书的时间真不算多，以至于读的书也不算精。但平日里也确实读了几本经典著作和好的散文，总感觉2015年还是不虚此行的。

今天，农历腊月初一，还有一个月就是春节了！辞旧迎新，辞别过去，用阅读和旅行拓展自己的视野，用兴趣培养内心的平和，用运动让自己保持充满活力的状态，用学习提升自己的品位……

2016年，我们并肩同行在路上。

作别 2018

执岁月之笔，用时光做纸，以勤奋为墨，用希望做砚，铺展开来，用信心耐心细心画好一幅充满阳光的世界画卷。

"行之力则知愈进，知之深则行愈达。"2018 年，在嘤鸣湖畔、张澜大道旁度过了充实而又美好的一年；2019 年，新征程已在路上，愿在新的挑战中成大人。

一直陪伴着你，一起走过成大岁月。

启航 2020

　　新一年，无论我们做什么，真诚、真心做事就是新的一年该有的新样子。不要投机取巧，扎扎实实做事，清清白白做人，就是新一年最好的样子。

　　道理很简单，在这个每个人都几乎逐渐透明的社会，我们的一言一行都被互联网、大数据记录着，这一切构成了我们的社会信息，从而形成了信誉。信誉越高，取得成绩的概率越大，效率越高。在这样的社会里，与其投机取巧，不如用真诚对待这个世界，对待每一个人；用心做好自己经手的每一件事，把这些事变成自己能力的积累和事业的阶梯。人，会在真诚待人和真心做事的积累中，逐渐出现质变，从而升华。

　　在百年未有之大变局的背景下，全世界都在变革，剧烈的变化让人不好适应，与其投机取不确定的利，不如在一个点上兢兢业业、扎扎实实，假以时日，容易把各种资源聚集起来，形成自己的独特优势。

旅行的意义

有人说,"人的一生至少要有两次冲动。一次为奋不顾身的爱情,一次为说走就走的旅行"。你如何看待说走就走的旅行?对你而言,旅行最大的意义是什么?

昨夜辗转反侧,难以入睡,思绪万千,若有所想,若有所思,若有所悟。

当一个人背包旅行,踏着坚实的脚步,走向未知的远方时,也许会触景生情,也许会黯然神伤,但这一切都是生命的必然,都是历史的必然。

人往往在旅行的生命里,走着走着,在不经意间成长了很多,就像这清晨的香茗,如果没有早间滚烫开水的浸泡,它就只能蜷缩一隅,有了开水,它才能优雅自在地伸展肢体,在沉浮之间静观天外云卷云舒。试想对于我们而言,如果没有命运的一次次冲刷,人生只会索然寡味。

旅行的意义,从来都是由心而定,毕竟心纯净,方可行至美。我不奢求也不渴望能在人生的旅程中观赏多少名胜、多少古迹,只希望有一条能在脚下不断延伸、不断前行的路,在漫无边际的田野里,没有早一步,没有晚一步,只有我刚刚赶上。

那些年，那些事

刚刚，2019年高考语文作文试题新鲜出炉！瞅了瞅四川省高考作文题：围绕漫画，选个角度。漫画中，老师在最后一课有句动情的告白："你们看看书，我看看你们。"高中生涯的最后一课，有老师细致的考前叮嘱，有同学们最后的争分夺秒，以及空气中弥漫的每个人心中的不离与不舍。

时光飞逝，岁月如梭。转眼间高中毕业已十载有余，想起这些年我的懵懂青春，自十八岁一人背起行囊行走他乡，求学奋进，相遇又离别，当今天看着这幅漫画，还是要抹泪一把。想起一年又一年的夏日，在论文的致谢中写的那样："时光匆匆，转眼间毕业的歌就轮到自己了，直至毕业论文的顺利完成，这一切的一切就像发生在昨日……"走吧走吧，人总要学会长大，生活每一站的相遇又离别助力着我们下一站的精彩。

我喜欢跑步带着自己的风格，我热爱记录所思所悟带着自己的符号，我期待遇见美好带着自己的态度。曾经年少时，在田垄地头丢了一个梦。后来，在关中麦田走很远的路，看麦子花开的样子；在塞外戈壁躺上一夜，思索星空的奥秘……后来，从荒荒大漠到茫茫草原，从雪山冰川到热带雨林，一路虔诚地行走，期待着在行走的某一刻，无意一转身，撞进桃花源。曾徒步阆中古城，在太阳欲喷薄而出时，我站在山巅眺望远处锦绣河山，如花似锦。我迅速拿出相机，小心翼翼地聚焦这一轮盛景，唯恐在一闪光间丝丝美好飞驰而过。此刻，我相信，每一个内心深藏诗意与美好的人，对世界总有一份异乎寻常的爱。即使下一刻离开，闪存的记录还在；即使下一刻乌云来袭，记录的快乐还在。

后来，行走在烟火三千年成都，吃着街边串串，看着春熙路人来人往，感悟着宽窄巷子的"宽窄"哲学。有一天，我坐在图书馆里，透过窗户看到学生们在拍毕业照，在张澜大道银杏绿色锦带的点缀下，他们阳光般的笑容是如此无邪，伴着阳光一齐洒进了我的内心。这时，微信消息提醒的绿灯闪了闪，点开发现是已阔别多年的高中同学发来的消息："龙哥，忙吗？再过几天我出差来成都，兄弟们聚聚……我……看你整天晒朋友圈，你这……"我大笑，时光像流水，一转眼想起了那段纯粹的岁月与放纵的青春。

我们在餐馆里飞觞醉月、把酒言欢，尽叙前尘旧事，言至得意时齐齐拊掌大笑，谈及高中，谈到未来……时光永远都是流动的，流走的也只是时光，留下的便成了回忆。我们曾经追赶骄阳，然后……

生命铺陈的道路沿着正确的方向不断地往前延伸，我常常告诉自己：心足、心静、心喜。当再次看着眼前的这幅漫画时，体会到人生之道就在此刻、此地、此身、此画中。

所有的时光在这一刻停滞，把我放进永恒。

我只愿你能够成为一个善良的人

梦醒时分,收拾收拾屋子,整理整理家务,做份精致的早餐犒劳一下那倦怠的心。刚才爸爸打来电话,问我一切是否安好,需不需要什么帮助……就在挂电话的那一刻,我还是哭了,爸妈永远都是我们前行的坚强后盾,即使他们很少说出口。

曾经有人问我,杨老师,你想成为一个什么样的人啊?我回答道:我想成为一个好人啊。对这样的回答我感觉有点空,我还是真诚且慎重地回答这个问题吧:我愿成为一个善良的人,一个爱人的人,一个对身边人有益、能给他人带来幸福感的人,就这么简单。

林语堂曾经说过:"善良比聪明更难。聪明是一种天赋,而善良是一种选择。"一位哲学家曾问他的学生:"人生在世,最需要的是哪一件事?"答案有许多。有一位学生说:"一颗善心。""正是。"那位哲学家说,"你在这善心两字中,包括尽了别人所说的一切,因为有着善心的人,对于自己,则能自安自足,能去做一切与己适宜的事,对于他人,则是一个良好的伴侣、可亲的朋友"。

同学们,你们觉得呢?

时空总在悄无声息之间发生着变化,曾经遗落在时间荒野里的小豆子已经长成今日的小豆苗,当我今日再回过头去思考那个问题,更觉得我应该成为一个善良、丰富的人。

一个人的成长或许就是这样,先是睁开双眼,懵懂地看着这个美妙的世界,然后有勇气与信心迈开坚实的人生步伐,客观而理性地分析思考当下的社会,并探索这未知之境。就在昨天中午,我听取了几位提交入党申请书的学生的思想汇报,其间,我问了他们同样的问题:"你想成为一个什么样的人?"

我知道这是一个非常宏大的命题,但话又说回来,这是一个人生活在这个世界上无法逃避的基本哲学问题,因此,这是需要一个人用一生的时间来思考的问题。由于个人成长的阶段性以及自身认知的局限性，在我看来一个人的善良是生命对生命的同情，古今中外哲人普遍认为，同情是人与兽的区别开端，是人类全部道德的基础；而丰富是人精神能力生长、开花、结果的根本，丰富的心灵是幸福的真正源泉。

马斯洛曾说过，当人的基本需要得到满足之后，就会产生被尊重的需要、被爱的需要。而在这里，精神的满足理应越来越成为主要的目标。因此，我仅仅想通过这么简短几句起到抛砖引玉的效果，同学们，你们觉得呢？

早安，风雨中勇敢奔跑、追求诗意人生的你。

让未来的你喜欢现在的自己

昨晚在分班会上，作为班主任，我给大家谈了几点要求与期望，希望大家都能够时刻提醒自己要做一个自律自强的人，同时做到自尊自爱、言而有信、知行合一，在实践中完成自己制定的"标准答案"，努力追寻属于自己大学四年的诗意生活。

希望大家都能够坚持旅游学院"资源有限　创意无限　文旅化人　乐与天下"的精气神，过好每一天。

希望大家时刻保有自己的初心，知道自己是什么样子，在青春的路上，无论身在何地，请别害怕，至少老师会一直鼓励你！

最后，请大胆追随内心，追逐自己的梦想，期待在四年之后，你再回头看时，会欣赏、喜欢现在的自己，那便是昨晚班会最大的意义。

生活没有无意义的日子

上高中那会,我不喜欢上语文课,常常捣鼓一些杂书,上课的时候趴在桌子上,把书放在桌兜的边边上,一阅读就是一节课,老师看此状况,睁一只眼闭一只眼。那是我第一次读马尔克斯的《百年孤独》,虽然晦涩无味,那种魔幻现实主义的描述手法实在令人无法理解,但是毕竟"无聊",还是一章一章"啃"完了整本书。

那年冬季,参加学校辅导员的招聘,招聘官问:"你平时都有哪些阅读嘞?"那是我第一次听到川普,在听得似懂非懂间,讲了这几年阅读的那些书,尤其谈到这一年读了马尔克斯的《百年孤独》和《霍乱时期的爱情》。虽然心有所思,似懂非懂,但是这一年所有关于马尔克斯的阅读都是具有仪式感的。

昨晚后半夜,确实睡不着了,只好在书架上拿起边角已经破烂的《百年孤独》,再翻开,再阅读,也是打发打发时间嘛。然而,苍凉的感觉伴随着窗外阴郁的天气在这深夜击穿心灵——同样一本书,同样一个作者,我就很纳闷,是书变了,人变了,抑或是时光变了?

我是一个对时光很敏感的人。过去许多年,一直走在路上,塞外追赶骄阳,高原仰望星空,讲台传道授业解惑,树下关注树影婆娑……我采用丝丝碎片化的"说说"记录,去追寻那些寻常日子的不寻常意义。

地铁在飕飕地穿行,夏雨在滴滴答答地作响,回顾那些貌似无意义的日子,发现它如烟花般绚烂——朋友的意义、书的意义与日子的意义,好像都一样。乍一看毫无意义或毫无感觉,一旦放进时光隧道之中,意义迸现。时光终会赋予寻常事物不寻常的意义。

生活没有无意义的日子,只是未到回顾时。

大学不怕经历挫败

我等待着黎明，等待日出的光。一刹那，太阳在嘤鸣湖面上拉出一条长长的光。轻轻地走，晨光停留于心间。一曲红尘，何必问是与非？几许云烟，何必问去与留？安守岁月，洒脱一点，自信一些，时光清浅，行走于风尘之中，风景装饰了你的梦，你依然最美。

相聚即是缘。大家手中拥有的，是能够开启美好未来的钥匙，但是，铺陈在你们脚下的，也许是一条布满荆棘和曲折的道路。

路漫漫其修远兮，成大人这一身份所包含的特殊意义，不仅仅是一次角色的转换，更应当是一段自我成长的历练——第一次班会，你发现自己思想不深、视野不宽，不再是群体的唯一中心；第一堂课，你感到节奏太快、难以适应，不再是老师目光的焦点；第一次考试，你发现成绩靠后、大失所望，不再是熟悉的第一。于是，你可能开始怀疑以往的读书方式、学习习惯，甚至怀疑自己的专业选择和能力潜质。

同学们，挫败感是走向空虚沉沦或者迎接成功希望的分水岭。经历挫败，从挫败中学习，是一个人成长成熟的必经之路，也是大学的必修环节。因此，你需要积极地寻找和发现自己的目标、找到自己的定位，逐步建立起自己的人生自信。成功不取决于你过去的成绩和基础，也不依赖偶然的机缘巧合，而是来自对自我的挑战，来自挑战中的成长和成熟。面对挫败，只有那些不断壮大自己内心的人，才能战胜自我、找到自信，从生活的自主走向人生的自信。

最近在网上看到一段话："一个词汇量只有 100 个的人，很难理解词汇量达到 1000 个的人是如何思考这个世界的。这两种人生活在完全不同的两个世界里，因为对这个世界的理解程度取决于他们的语言能力。如果一个人不懂得'爱''溢满''世界'这三个词的意思，那他永远也理解不了什么是'溢满爱的世界'，哪怕他就身处在这样的世界里。"

词汇只是表现，我们可以举一反三地去理解它。

何谓成功

昨晚大家在 QQ 群中热烈讨论着"何谓成功",并发表了自己独到的观点,那么试问,是不是有钱就成功了?是不是有地位就成功了?

依我个人浅见,未必。借用德国作家伊姆克·埃莉森-克利福特《何谓成功》中的一句话:成功应该包括良好的健康状况、充沛的精力、对生活的满腔热情、圆满的人际关系、自由的创造力、稳定的情感和心理状态、美好的感觉以及一颗平和的心灵。

我渴望你们能够心静如水自然地流淌,同时,相信你们会随着年龄的增长,随着阅历的增加,越发相信信念的力量。

所以,当你慨叹命运不公的时候,当你牢骚满腹的时候,当你遭遇挫折的时候,你有没有想过更多的原因在于自己?

面对平凡的世界,我们又将何去何从,又将如何走向所谓真正的成功呢?我想,顺应自己的本心,寻找远方的自己,构建圈外的生命,走出一条自己的道路足矣。罗兰说,有且只有一种英雄主义,便是在看到生活的平凡后依然热爱着它。而我说,还有一种英雄主义,便是突破平凡的重围,在这世界中找到属于自己的理想。

成长的阵痛

独自一人背起行囊行走蜀地已百日有余,昨夜重游川师,追忆起岗培那段日子在那里的点点滴滴,在离别的那天曾书写道:"丰收的喜悦,冲不淡对青涩的眷恋;离别的晚宴,冲不散珍重的情感。相聚、相识、相知仅二十余日,愿我们彼此在这四季轮回中培育好生命的种子,在这岁月风尘中历练成长,挥毫泼墨书写端正的'人'字文章。"

晚上在回来的路上,不知怎么的,我彻底迷路了,在这座偌大的霓虹都市,我真不知道往哪个方向行走。问路旁的行人,他们以我无法理解的语速说着好像来自另一个星球的方言,我当时甚是崩溃。百般无奈,只能一个人静静地行走,寻找着自己世界的"地标性建筑"。不知道从什么地方传来周杰伦的《蜗牛》:"该不该搁下重重的壳,寻找到底哪里有蓝天,随着轻轻的风轻轻地飘,历经的伤都不感觉疼,我要一步一步往上爬,等待阳光静静看着它的脸……"

是的,我一直觉得自己是一只幸福的小蜗牛,每天都在自己的世界里爬呀爬,但是,当真正需要自己一个人去行走的时候,才发现自己并没有长大,没有做足各种打算,发现在成长的过程中经历着各种阵痛。或许这样的感受与刚进入学校的你们感觉差不多。总之,我们大家都需要不断成长、经历、成熟,从蓉园嘤鸣湖畔起步,度过一段不负自我、不负青春的大学时光,不断从优秀走向卓越,真正成长为经世治国的栋梁之材。

其实,人生注定要不断地上坡下坡,或许只有这样我们才能慢慢成熟吧。

早间我摘抄了余秋雨先生的一段话:"成熟是一种明亮而不刺眼的光辉,一种圆润而不腻耳的声响,一种不再需要对别人察言观色的从容,一种终于停止向周围申诉求告的大气,一种不理会哄闹的微笑,一种洗刷了偏激的淡漠,一种无须声张的厚实,一种并不陡峭的高度。"

白岩松说过这样一段话:"走到生命的哪一个阶段,都该喜欢那一段时光,完成那一阶段该完成的职责，顺生而行，不沉迷过去，不狂热地期待着未来，生命这样就好。不管正经历着怎样的挣扎与挑战，或许我们都只有一个选择：虽然痛苦，却依然要快乐，并相信未来。"

中秋是月亮的圆，也是月饼的圆，更是每个人心中所追求的美好的团圆。团圆是中秋的主旋律，也是我们心里的最终归宿。无论是寄给满月的愿望，还是中秋夜各种有趣的风俗，最终都会在家人的笑脸中凝成永恒的欢乐。月圆人团圆，静穆的明月夜，来自五湖四海离乡不久的你们，又让这一轮月儿勾起了对家的强烈思念。

然而，现在我们有了另一个家，一个在成大旅院的家，即使父母亲友不在身边，但有大家相伴，也算一种慰藉。

前天夜里，我们一起团聚、欢歌、舞蹈、祝福、期盼。我们一边包饺子、煮饺子，一边在彼此祝福中度过这难忘的中秋佳节。我们在幸福中感恩过往，在期盼中坚定未来。就在那一刻，你们拿起手机幸福地告诉自己的爸爸妈妈，你们在成大很好。

你们，很幸福。

我们，很幸福。

昨晚非常高兴去看了迎新晚会的节目排练现场，一种真心的实地体验告诉我，在青春行走的日子里，我愿为你们读诗、作画。

说说舞者的告白。一个人的舞蹈，是一种寂寞，但那是艺术灵魂的展现；一个人的舞台，是一种旋转独白，但那是身心力与美的完美结合。

舞者的告白，无异于一首无字之诗。舞蹈，用身体的弧度，淋漓尽致地划出心情。无须言语，那些爱与痛，你我都懂。让我们一起跳舞，一起摇摆，舞起来，摆起来，永不谢幕。

今天距离 2016 年仅剩 62 天，做一件事并不难，难的在于坚持；坚持一下也不难，难的是坚持到底。故而，在青春行走的日子里希望大家勿忘初心，舞蹈青春。

用诚意过好每一天

前两天，成都大学"CC空间创客校园行"亮相新学生活动中心演播厅。美院专场邀请《大圣归来》执行制片人胡明一做客"创客菁英谈"，他坦言创业艰难百战多，寄语成大学子在了解自己的基础上打牢基本功，具创新思维，具饱满自信心，同时要坚持将一件件小事做到极致。

昨晚回家打开电视，《捉妖记》许诚毅导演做客"开讲啦"，他那"萌萌哒"的言语表情让我真切地感受到他的真、性、情，同时整个演讲过程给我最真切的感受就是他的真诚、谦逊。

最后，总结一下，所谓成功就是用真心、用真情去热爱并坚持你内心最初最真实的想法，并将它做到极致。刚入学不久的你们，或许都满怀着最真诚的改变自身抑或是改变世界的一些想法，但随着光阴的不断流逝，每个人是不是还会记得自己的初心呢？希望你们不忘初心，愿四年里自己所做的都是八十岁想着都会微笑的事情。

是啊，同学们，希望你们如那些优秀的人一样，怀一颗净心，越努力、越幸运；希望你们用真心、动真情上好人生的每一节课，脚踏实地做好平日里每一件事情，切勿急躁、烦闷；希望你们都能在正确导航的基础上去坚守、坚持自己人生的正确方向。

早安，喝一杯清茶。因为有茶，你会更加净心、静心、珍爱自我。哪怕身处车水马龙的闹市，仍可以感受到秋水拂尘的清雅与晨辉的疏淡清绝。云在窗外踱步，鸟在檐下穿飞。袅袅的香雾，似有若无地诠释着虚实相生的人生。

昨天晚上在网络上看到近日英国摄影爱好者在坎布里亚郡卡莱尔市拍到一组椋鸟群冬迁照片，场面壮观。成千上万只椋鸟飞在空中，像一朵不断变形的乌云，衬着金色夕阳十分唯美……据悉，众鸟齐飞且常变造形，是为防猎手和保暖。

人生漫漫成长征程中，重点在于修行，而修行则在于领悟。在我们行走的道路上，每天都有这样或那样唯美的光景陪伴着我们。所以呢，没有必要让人生输给了心情。

　　10月刚刚过去，2015年仅仅剩下两个月了。刚刚过去的10月，你有没有给自己做一个总结呢？在经历中成长，在总结中让自己更好地成长。2015年最后两个月，给自己一个目标，一步一步，踏踏实实去努力！

平凡世界中的美好

昨夜辗转反侧，一夜神游四海，甚是无奈。打开灯，迷迷糊糊了一夜。真不知道近日是怎么了，就在前天下午跑步的时候，明显感觉身体有点不适应……

清晨，拉开窗帘，推开窗，静静地听着窗外大自然美妙的交响曲。烧了一壶开水，泡上一杯清茶，立于窗前眺望远方，若有所思，若有所想。就在上午，原本是想给同学们推送一篇英文美文，结果反反复复改了又改。

就在昨晚，一个比较优秀的学生说："大学是怎么样的，是你想象的，也不是你想象的，是需要你去感受的。我唯一能够确定告诉你们的，只有时间过得的确很快。我所唯一希望的，是你们能够好好体会生活所带来的乐趣、读书所带来的成长，不失愉悦地过好每一刻，足矣。"

我个人比较赞同这样的观点，时间过得确实有点快，希望大家珍惜。很多人觉得，他生来是干伟大事情的，但我只能告诉他，"在最平常的事情中，就可以显示出一个人人格的伟大"。

一位哲人说过，你的心态就是你的主人。得意的时候，不要忘记过去；失意的时候，不要忘记还有未来。成长路上、追梦路上难免跌跌撞撞。

学会接纳、分享、创新、舍得、学习、成长、归零、务实、主动，成为更好的自己。如果你整天愁眉，自然生就苦脸；如果一脸怒气，必定生成怨相；如果乐观和善，自然慈眉善目。

哲人道：10岁前的相貌，是父母给的；30岁后的相貌，是自己修的。表情是瞬间的相貌，相貌是凝固了的表情。

从今天开始，每天微笑吧，世上除了生死，都是小事。

《淮南子》中这样说："圣人不贵尺之璧，而重寸之阴，时难得而易失也。"我们每个人心里可能都明白，短暂的大学时光是多么宝贵且重要，所以，我就请大家不要将这宝贵的时光浪费在那温暖舒服的被窝里。一年之计在于春，一天之际在于晨。只有每一年在春天里辛勤播种，才能在秋天里收获幸福美满的硕果，我们现在每一天的努力，必定会带来明天加倍的赏赐。

引用余秋雨先生的一句话，与同学们共勉："真希望世间能有更多的人珍视自己的每一步脚印，勤于记录，乐于重温，敢于自嘲，善于修正，让人生的前前后后能够互相灌溉，互相滋润。"当你从温暖的被窝里醒来时，请你去思考：我最合适什么？最做不得什么？容易上当的弯路总是出现在何处？最能诱惑我的陷阱大致是什么样的？具备什么样的契机我才能发挥最大的魅力？在何种气氛中我的身心才能全方位地安顿？这些都是生命历程中特别重要的问题，却只能在自己以往的体验中慢慢梳理。

昨天已经过去又没有过去，经过一夜风干，它已成为一个深奥的课堂。这个课堂里没有其他学生，只有你，而你也没有其他更重要的课堂。

阅读会让我们受益无穷

　　一直以来我都是那种比较喜欢逛书店的人。喜欢那种比较惬意的读书环境，在阳光明媚的午后煮上一杯咖啡，寻找安静美妙的一隅，一边聆听着舒缓的音乐，一边翻阅着那带有墨香的纸张，透过文字直抵作者的内心世界，陶醉于其中，仿佛置身另一维度的世界，享受着一段奇妙的阅读之旅。但是，在整个阅读过程中，我确实有一个非常不好的习惯，就是总喜欢在书籍里中挑挑拣拣阅读自己喜欢的文字段落，以至于买回来的好多书都没有系统性地读完，它们要么安安静静地躺在书橱里，要么被安放在家里某个无人问津的角落。

　　平日生活中总有人说："读书和运动，必须选择一个，让自己深深地去爱上它，让灵魂不至于在这个进步飞快的社会找不着着陆的岸。"

　　说得多美妙啊！

　　好期待自己在这梦醒时分带上一本好书，在时光清浅的日子里认认真真地享受阅读，通过阅读从生命深处看清自己的本质，提升自己的人文素养。

　　"问渠那得清如许？为有源头活水来。"

　　尽管我认为同学们的求学之路历尽艰辛，但是有书为伴，我相信它会让大家获得前行的方向和力量。

　　故而，阅读，可丰盈自己，同时也可照亮我们的旅行人生，让我们一生受用无穷。

怀一颗初心，勇敢地飞向明天

淅淅沥沥的秋雨下了一天一夜，也把我这北方汉子的心淋得潮潮的。昨夜晚饭时间行走在充满霓虹诱惑的十陵上街，看着街边吵闹涌动的人海，瞬间有种想逃离的感觉。

当下的我们都生活在一个"工作大爆炸"的年代，每个人步履匆匆，把一分钟分成两半用，往前使劲赶呀赶。

生活在这个时代的同学们怎么样才能既不落伍于人群，又不迷失自己？或许只有依靠教育。我们知道教育的英文是 educate，源于拉丁文的"educare"，本意是"引出"。所以，其实，所谓老师就是要通过传道授业解惑，引出潜藏在孩子内心的智能。一旦他们拥有了持续一生的学习热情，教育工作也就此完成。

但我觉得，无论如何同学们都应该怀有一颗净心，因为毕竟只有心纯净方能行至美。

"双十一"进入第七个年头，早已成为无可争议的全球最大网络购物节。"互联网+"时代的中国，向世界证明着这个市场的无限可能性，而每一个参与者都能在其中找到属于自己的乐趣。换个角度来看，对于成长在"互联网+"时代的同学们，如何"创未来"？在我看来，这段时间学校举办的一系列CC创客校园行活动或许可以给大家一点具体的体会或反思。而在实际努力中，建川博物馆馆长樊建川鼓励同学们，在行走的道路上尤其要能吃苦，目标要实，并坚持不懈地学习，培养自己的眼界和德行，如此一来，同学们也会拥有丰富的人生。

一只站在树上的鸟儿，从来不会害怕树枝断裂，是因为它相信的不是树枝，而是它自己的翅膀。

与其每天担心未来，不如努力做好现在。

读书，是为了做更独立的自己

林语堂《读书的艺术》中有一段话："关于读书的目的，苏东坡的朋友黄山谷所说的话最妙。他说：'三日不读，便觉语言无味，面目可憎。'他的意思当然是说，读书使人得到一种优雅和风味，这就是读书的整个目的，而只有抱着这种目的的读书才可以叫做艺术。一人读书的目的并不是要'改进心智'，因为当他开始想要改进心智的时候，一切读书的乐趣便丧失净尽了。"

"读书，是为了做更独立的自己"，平日里写了很多说说，自认为这些简短的文章中略带着点文艺青年的矫情劲，你说是不是呢？但是，在很多、很大的篇幅中我一直在坚持并表明这样的观点："读更多的书，你越能和当下的一些流行意见产生一定距离，你越能够成为一个独立思考的人，而不是一个被当下社会的主流观点牵着鼻子走的人。总之，阅读可让你遇见最诗意的自己。"

海明威阅读海，发现生命是一条要花一辈子才会上钩的鱼；凡·高阅读麦田，发现艺术躲在太阳的背后乘凉；弗洛伊德阅读梦，发现一条直达潜意识的秘密通道；罗丹阅读人体，发现哥伦布没有发现的美丽海岸线。在书与非书之间，我们走在路上，欢迎各种可能的阅读者。

杨绛先生说："年轻的时候以为不读书不足以了解人生，直到后来才发现如果不了解人生，是读不懂书的。读书的意义大概就是用生活所感去读书，用读书所得去生活吧。"

第二篇 DI ER PIAN

大二"成人"篇

开学，说点什么

眼看暑假就要结束了，新的学期即将开始。这几天，我常常一人在校园里溜达，途中见到了几位学生，和他们短暂地交流了一下，有的学生整个暑假参加各类培训，进一步充实自己，忙得不亦乐乎；有的学生整个暑假在家安心陪着父母，做了好多力所能及的事情；有的学生整个暑假在城里东西奔走，参加各类兼职，为未来走进职场提前练兵；而有的学生整个暑假昏昏沉沉，无所事事，每天泡在游戏机旁，在一个虚拟的世界里虚掷人生。

对于这些同学的暑期表现，有的我感到非常高兴与欣慰，而有的我感到有点心寒与无奈。说句心里话，看到那些学生在游戏机旁沉醉，忘记了吃饭，忘记了睡觉，每天过着身体被掏空的昏昏沉沉的日子，我有些心寒，有点欲哭无泪。

有一次，去外地旅游，路上遇到一对中年夫妇，聊过之后，晓得他们都是教师。随着话题越聊越深入，他们给我说起他们那不争气的孩子。自从他们的孩子上大学之后，从来不给家里人打电话。之前没钱的时候给他老爸发条信息："没钱了，该打钱了。"后来直接在QQ上给他老爸发消息："该打钱了！"我在一旁静静地听着，看着父亲眼角的泪花。唉！可怜天下父母心。为什么孩子年龄越来越大，脾气也越来越大，对身边的环境越来越不满，每天为一点小事大发雷霆，一点小事也过不去，跟身边的人都过不去，感觉家里人都不好，感觉谁都对不起自己？这值得大家反思。

马上开学了，新的一学期即将开始，作为老师的我又想在这里唠叨几句，既然大家都已经是大学生了，真的得下点苦功夫多读点书，虽然老师不会刻意地让你跟别人去比成绩，但是你自身确实得努力。

作为老师，希望你们三年或四年之后进入这个竞争激烈的社会时，拥有选择的权利，选择有意义的工作，而不是被迫谋生。除去读书本身之外，多去思考，我们自身的立身之基是什么？我们的价值所系是什么？我们的为人之本是什么？希望大家都能够自觉承担责任，确立好自己的人生目标。有人曾说：

"你改变不了环境,但你可以改变自己;你改变不了事实,但你可以改变态度;你改变不了过去,但你可以改变现在;你不能控制他人,但你可以掌握自己;你不能预知明天,但你可以把握今天;你不能样样顺利,但你可以事事尽心;你不能左右天气,但你可以改变心情;你不能选择容貌,但你可以展现笑容;你不能延伸生命的长度,但你可以决定生命的宽度。"

总之,新的学期即将开始,期待大家能够为自己安放一张清净的书桌,常思、常想,做一个诚实而有趣的人,做一个有责任感、有担当、有社会关怀的人,做一个热爱自己的事业并为之不懈努力的人。

世界是自己的，与他人毫无关系

杨绛先生曾在《一百岁感言》中说道："我们曾如此渴望命运的波澜，到最后才发现：人生最曼妙的风景，竟是内心的淡定与从容……我们曾如此期盼外界的认可，到最后才知道：世界是自己的，与他人毫无关系。"

清晨，我将这段话送给刚刚开学或兴奋或平静的同学们，希望大家在新的一年里努力学会平和地跟周围的人相处，也学会真正地爱自己。请记住：在应该磨刀的时候不要着急去砍柴；在应该努力的道路上，不要急着看结果。时间还漫长，你要用心，理智地去寻找一条适合自己的路，可能一开始这条路会充满艰辛，但最美的花总是开在最恶劣的环境中。

请相信，淡定平和的内心与奋斗不息的精神，一定会让你灿烂绽放！

春暖花开的三月是运动的最好时节，跑步是一项简单的运动，也是有效的有氧运动之一，期待在这个春天我们一起跑步、一起分享、一起成长，让更多人加入我们的跑步健身行列，健康快乐地跑起来。期待你每天都能将自己的路线图发至朋友圈与我 PK，如果你赢了我，我可以请你吃饭；如你能每天坚持跑起来，我将会在你生日那一天送出一份神秘大礼；每天约我跑步的达人，我可以请你吃饭、答应你一个要求或帮你实现一个愿望。

美德少年四川行

由四川省委宣传部、省文明办、省教育厅、团省委、省关工委主办,成都大学校团委承办的"美德少年四川行"暑期社会实践系列活动将在接下来的一周时间里进行。成都大学优秀青年志愿者将带领美德少年代表前往成都、眉山、遂宁等地开展志愿服务活动,主要包括参观爱国主义教育基地、红色旅游景区,拜访道德模范等,期待大家的共同支持与关注。

在此次"美德少年四川行"的大学生志愿者队伍中,有一对特殊的志愿者。她们是一对孪生姐妹,来自辽宁沈阳。姐姐景佳祺就读于沈阳农业大学,妹妹景佳怡来自成都大学。当姐姐得知妹妹暑期要参加"美德少年四川行"主题实践活动后,也毅然决定加入这支队伍,和妹妹一道做志愿者。她说,自己跨越两千多公里距离,只为能与这些淳朴的少年相识相知。

青年志愿者的美德事迹令我深受感动,希望能和他们携手,将美德和爱播撒传扬。

成都大学旅游与会展学院学子用实际行动铭记历史,传扬美德。看着我们的"小黄人""小红人"洋溢的幸福感,我坚信人生最美的风景莫过于用行动努力践行"勤学 修德 明辨 笃实"的具体要求,在大力弘扬社会主义核心价值观的过程中锤炼自己、提高自己,做到志存高远、德才并重、情理兼修、勇于开拓,成长为在火热的青春中放飞人生梦想的当代中国青年。

> 成大学子,风华正茂;
> 行走蜀地,传扬美德。

我们的成大学子既是此次暑期社会实践责任的担当者,也是爱与幸福的创造者、播撒者、传播者。美德少年满眼洋溢的幸福,让我们渐渐懂得真正的爱就是通过静静的陪伴将彼此的一切放在心上。

傍晚的微风浸着丝丝凉风拂过蓉城道旁郁郁葱葱的树木，拂过美德少年们灿烂幸福的脸庞。

或许通过此次活动，我们的"小黄人"会真切感受到自己并没有能力去改变孩子们现实的生活大环境，但坚信能够给予孩子们一层铠甲，让孩子们在缺少家庭教育的情况下，也可以健康、茁壮地成长。

我希望"小黄人"能够继续密切保持与"小红人"的沟通与联系，切实走进他们的生活与学习，切实关心他们的生活与学习。如果我们能够在漫长岁月中始终带着这些感受、这份感情，我相信"小黄人"不仅可以帮助更多的人，让周围的世界变得更加美好，而且可以帮助自己成为更好的人。

关于情操、修养、自律、坦荡

既往不恋,当下不杂,未来不迎。

"防微杜渐"之说的来源可追溯至《后汉书·丁鸿传》:"若敕政责躬,杜渐防萌,则凶妖销灭,害除福凑矣。"后来《宋书·吴喜传》亦有"且欲防微杜渐,忧在未萌"之语。

故而,修身乃是人的立身处世之本。一个具备良好道德修养的人能时刻注意其思想与言行是否符合人伦道德与社会规范,而不会触碰社会与法律的底线。

《道德经》有云:"合抱之木,生于毫末;九层之台,起于累土;千里之行,始于足下……民之从事,常于几成而败之。慎终如始,则无败事。"在老子看来,人之所以"常于几成而败之",就是因其不能始终做到防微杜渐。

《韩非子》有云:"千丈之堤,以蝼蚁之穴溃;百尺之室,以突隙之烟焚。故曰:'白圭之行堤也塞其穴,丈人之慎火也涂其隙,是以白圭无水难,丈人无火患。'此皆慎易以避难,敬细以远大者也。"即事物发展是一个由易至难、由细至巨的过程,故必须要"慎易以避难,敬细以远大"。

《论语》有云:"君子有三畏:畏天命,畏大人,畏圣人之言。"南宋大儒朱熹亦有云:"君子之心,常存敬畏。"

心存敬畏是一种价值选择,更是一种人生态度,是对人的德性与良知的坚守。"心"常存敬畏,"行"才能常有所守。

每个人的心里都应住着一只"虎"

昨晚在开班会之前我思考了良久，到底这次班会要给你们传递什么样的思想？

"不忘初心、方得始终，做一个善良的人，在多年之后回顾这段往事的时候，不因虚度年华而悔恨，也不因碌碌无为而羞愧。"

"动真心、用真情对待身边的人和事，与人友好相处。"

"不破不立、破而后立，敢于打破过去固有的自己，尽情地绽放青春，全面提升自己的综合素质。"

虽然在班会上，用一些现实事例让你们知道了这三句话，但我还是想让你们有更深的领会。

当我们回归于现实的学习生活之中，应像电影《少年派的奇幻漂流》那样，让我们每个人的心里都住上一只无比珍贵也无比彪悍的孟加拉虎。这只虎会时刻对峙着你的所作所为，挑战你的各项决策；这只虎会令你无法安逸，始终保持警觉；这只虎会激发你的斗志与智慧，让你的思维全方位运转；这只虎能带给你成长和提升，在它的陪伴下你会走向成熟，收获成功。这只虎其实就是你自己，是你生活的另一面，是你执着、决不认输的那一面。既然这样，我们每个人不如学会驾驭它，与之和平相处，那么它将成为我们走向成功的关键，你们觉得呢？

说一说格局

每一部经典名著总会有一个精彩的开场白，它就像一个黑洞，具有无穷的吸引力，让人想读下去。

对于刚入大学不久的你们来说，也许还存在这样或那样一些原因，较难适应大学的某些规矩、某些要求、某些节奏。一些人往往因为懒惰而不去开这个头。于是，生活以懒惰开始，以怯懦告终，以至于一些人索性脱离了班级的正常管理，脱离了正常的教学科研。

懒惰真的是一个很奇怪的东西，它使你以为那是安逸，是休息，是福气；但实际上它所给你的是无聊，是倦怠，是消沉。它剥夺你对前途的希望，割断你和别人之间的友情，使你心胸日渐狭窄，对人生也越来越怀疑。

古语有云："不破不立，破而后立。"所以要想真正超越从前的自己，必须通过不断地推倒重来，带来不一样的观念、想法和进步。其实，这又回到了事物发生的起点："你们为啥要读书？为啥要接受教育？"那就是为了打破固有的思维模式，重塑新的思维观念，提升自己的人生格局。

海纳百川，有容乃大；胸有格局，顶立天地。

辗转反侧，夜游天下，索性静静聆听夜的声音，大胆走向更深的夜，寻找夜的出口，找到晨曦的方向。

昨晚和许老师一起参加了学院党员发展对象答辩会，每位学员都能切实围绕当前社会的热点难点话题，深入讲解、全面剖析、认真解答，同时也能给出很多有效的意见和建议。这使我真切感受到经过党校系统化培训之后，学生们的思想越来越成熟，见解越来越深刻，方法越来越合理。

其实，就在昨晚回家的路上我还在想，学生看待问题层次的深刻变化，这何尝不是一个人格局的变化呢？我们大家都知道，一个人的格局如何，往往影响乃至决定着一个人能走多远、行多稳，能干多大的事，挑多重的担。正所谓眼界决定境界，格局决定结局。格局本身就是一个人胸襟、眼界的反映，也是格调、情操的折射。

　　所以，我常常在和同学们交流的时候强调，请大家勇于且敢于挺起自爱、自修、自尊、自强的精神脊梁，心有"定盘星"，抵得住诱惑，耐得住寂寞，气定神闲，安静地思考，平静地吸收，执着地探究，让心灵"修禅打坐"，重建内心的象牙塔。希望同学们为自己摆放一张安静的书桌，从现实生活、学习中的点点滴滴开始积累，做一个有大格局的人，做一个大写的人、一个顶天立地的人。

人生需要专一

决定你能走多远的不是年龄，而是正确的方向与努力、专一程度的乘积。

人生从来没有固定的路线。决定你能够走多远的，并不是年龄，而是你的努力程度。无论到了什么时候，只要你还有心情对着糟糕的生活挥拳宣战，都不算太晚。

如何在大学四年的学习和生活中找到一条属于自己的正确道路？这应该是在校的每一位学生应该思考的问题。因为我始终相信，只有纲举才能目张，只有目标明确才能比别人走得更快，方向正确了，是不是该专一一点？事实表明，用心不专，什么事也办不成。相反，只要专一，精卫可填海，愚公能移山。荀子曰："蚓无爪牙之利，筋骨之强，上食埃土，下饮黄泉，用心一也。蟹六跪而二螯，非蛇鳝之穴无可寄托者，用心躁也。"一些禀赋很好的人，因为自身知、情、意修炼的不足，不屑为"蚓"，向往威武之"蟹"，在最青春的年华，将大量的时间、心力耗费在一些浮华的执拗上，以致学业荒废，人生偏轨，终难有大成，殊为憾事。寄心于旁骛，或有短暂的满足，却终会在迷途中迷失。

诚如诺贝尔生理学或医学奖获得者屠呦呦答记者时所言，"我觉得科学要实事求是，不是为了争名争利"，但愿一语能惊醒那些迷途之人。在浮华喧嚣的环境下，专一往往体现为一种定力、自制力、免疫力，乃至挫折承受力。有专一精神打底，在人生和事业的路途上，即便可能面临失败，但至少能拥有内心的真正平静，享受实现人生价值的快乐。

注重细节小事

人非圣贤，孰能无过。无论谁，做什么工作，都要重视发生在身边的小事，关注细节，把小事做细、做透，从细节入手，把小事做好。

所谓的成功都是平日生活中一点一点积累的结果，故而必须落细落小，多积尺寸之功，经常防微杜渐。"巴豆虽小坏肠胃，酒杯不深淹死人。"

所以，真诚希望大家都能时时刻刻警醒自己、规范自己、约束自己，从细小之处严格要求自己，真正做一名有思想、有知识、有见解、有修养的新时期中国青年。

最后给同学们送上一段昨天上午♯每日一说♯没有写完的话："对于行走在道路上的人生，从整体而言，它是连续的；但从微观而言，它是由生活中一个个选择与被选择拼接而成的，现实中的每个人都会在或小或大的人生路口面临新的抉择，接受不同的机遇或挑战。故而，希望大家在抉择面前应当慎重再慎重，而一旦做出选择，迈出那一步就应该毫无理由地去坚持，毕竟每个人都应该为自己的选择买单。如果真不妥，还是先坚持一下，直到你遇到新的选择为止。"

慎独、慎染、慎微、慎初、慎终

昨晚，在办公室和一些同学聊了聊近日关于思想变化的一些问题。我觉得今天上午有必要再次给大家强调纪律与规矩的重要性，毕竟，无规矩不成方圆。

今天起得稍微早一点，翻阅了一下词典，同时也参考了一些文献资料，目的是想送大家几个字，"慎独、慎染、慎微、慎初、慎终"。

所谓"慎独"，是指一个人在独处时也能谨慎自律，操行自守，不欺暗室。它修养的是一个人内在的定力，是吾日三省吾身的省思；是在无人时、细微处，如履薄冰、如临深渊，始终不放纵、不越轨、不逾矩。

所谓"慎染"，是指一个人要见贤思齐焉，见不贤而内省焉，能够主动接受良好环境的影响，涵养浩然正气。

所谓"慎微"，汉代王符曾说："慎微防萌，以断其邪。"或我们常说的"勿以恶小而为之，勿以善小而不为"。它强调不虑于微，始贻大患；不防于小，终累大德。

所谓"慎初"，顾名思义，就是戒慎于事情发生之初，在思想上筑牢"第一道防线"，永远不存侥幸之心，避免误入歧途。

由于慎初者不一定就能善终。故而，"慎终"也是为人处世应当遵循的一条重要原则。慎终就是防止"功败垂成"的关键因素。《道德经》有言："民之从事，常于几成而败之。慎终如始，则无败事。"换言之，若不想功败垂成，就应善始善终，善做善成。坚持二字，写易行难。一个懂得"慎终"的人，不一定就是"完人"；但是一个不懂得"慎终"的人，却一定是"瑕人"。

同学们，要记住，昨天的太阳永远晒不干今天的衣裳，希望你们以阳光的心态继续前行。

心美一切皆美

> 心美一切皆美，
> 情深万象皆深，
> 境明千里皆明。

在每天清晨时分，不管是卧着，还是躺着，抑或立于窗前眺望远方的风景，总喜欢深深吸上那么几口清晨的空气，然后泡上一杯茶，在悠哉游哉之间敲击着键盘写点什么。久而久之，随着时间的流逝，回头来看，我慢慢觉得自己的性情有了变化，我始终相信这种慢慢积累的过程是快乐的。

台湾作家林清玄曾写道："你的心灵美丽了，你看到的世间一切都美；如果你的情感深厚，你会觉得世间万物都很深刻。所以，如果要使你的生命、外表、气质变得更好，你的心就要美，你的情就要深。"

清华大学原副校长、西湖大学校长施一公教授如是说："我以为，是学做人。做人并不是一定要做我们觉得可望而不可即的英雄模范，更不是要学八面玲珑会做人的那个'做人'，我觉得是学做一个健全的、有自信的、尊重别人的、有社会责任感的人，大学最重要的目标就是培养这样的人。"一个人读书多了，身上自然会带一股书卷气息，言谈举止间流露出读书人所特有的气质，或温雅或脱俗，或不卑不亢，或典雅大方；一个人见识深广，学识渊博，会由内而外散发出一种独特的气质。那是浓妆艳抹不来的，是乔装改扮不到的，它是一种在优良品德的前提下的一种深沉内涵，一种闪光思想，一种璀璨光芒。满腹经纶，是一种思想的净化、精神的升华。

写给助理团各位成员的几句话

十分高兴大家通过自己的努力加入我们旅游与会展学院助理团，在整个竞聘过程中，我也真切地感受到各位靓丽的青春风采、务实的工作态度，透过你们的自信、热情、成长、历练，看到了你们的优秀。同时也再次证明了大家是"肯吃苦、勇挑战、玩得酷、靠得住"的新一代成大旅院助理团会员。

我想告诉大家："希望是一个好东西，或许它是你遇到的最好的东西，我们都要用真心、用真情去守候这份美好。"

因此，我期待大家都能够心怀希望，努力在生活、学习、工作中去践行自己的青春梦想。

我们需要广开言路，倾听同学们的呼声，努力改进学生会的各项工作。我也希望大家能够再自信一些、努力一些、务实一些、有担当一些，真正将曾经过往的优秀幻化成明日的卓越。

百团争艳　跃动青春

作为一名老社团人，我鼓励大家充分结合自身实际积极参加各类社团，进一步在这个平台上展示自己、丰富自己、提升自己、成就自己。

同时，借此机会向大家推介一下我个人比较感兴趣的几个社团，如茶艺协会、旅游协会、非物质文化遗产保护志愿社团、观鸟协会、义务导游队、礼仪队、辩论队……

大家都知道校园文化会营造出一种氛围，去感染、陶冶我们的老师、学生。大家会在耳濡目染、潜移默化中慢慢地把校园文化的精髓内化为自己的风格、习惯、观念与精神。同时，校园文化建设很重要的一个方面是校园文化活动，而校园文化活动最直接的组织者是社团。因此，社团是校园文化的具体表现形式。

基于此，我只想谈这么一个小话题：你们有没有想过你们想加入一个什么样的社团，社团经过你们的打造后会走向何方？

我个人认为，大学社团聚集了一群志趣相投、志同道合的人，在这样的集体里大家能够很容易找到知音，找到共同语言。但我还是希望大家能够去积极构建一个集存在感、归属感、充实感、成就感、自豪感、荣誉感为一体的温暖大家庭，使每一位同学都能够在这里证明自身存在的价值，丰富你们的校园生活，拓宽你们的人生格局，陶冶你们的高尚情操。

努力做一名出彩的成大人

想必大家看到了两则激动人心的新闻吧？2015年11月25日，成都大学的12名学生运动员代表中国队参加2015奥林匹亚先生亚洲香港赛，获得健身比基尼项目季军；11月29日，由15名女大学生组成的成都大学女子全明星健身队参加第五届三亚国际沙滩健美先生比基尼小姐大赛，获得3枚金牌、4枚银牌、5枚铜牌！让我们为优秀的成大人点赞！

在嘤鸣湖畔，在张澜大道，在求知桥上，每一位在校园求知、求索的成大人都享有人生出彩的机会，都享有梦想成真的机会，都享有同优秀的人一起成长与进步、一起从优秀走向卓越的机会。

一直以来，我始终相信有梦想、有奋斗，一切美好的东西都能够创造出来。成大给了大家一个展示与实现青春梦想的舞台。希望大家都能在未来的日子里做好愿景规划，在这里讲述自己的勇敢追求，在这里分享四年美好年华的人生故事，在这里展示自己努力奋斗的成果，在这里收获属于你们自己的青春荣光。

辅导员微语

很多高中的学弟学妹问我:"高考重要吗?""当然重要,因为高考对你来说是未来,此刻你在做什么,能影响这件事的结果。"很多大学生问我:"高考成绩重要吗?""当然不重要,因为高考对你来说是过去,但此刻你在做什么,才影响你未来的结果。"

一个朋友曾形容大学四年是一场隐形的高考,而我认为大学四年其实是一场隐形的"加时赛"。为什么是加时赛呢?在足球比赛中,加时赛意味着胜负尚未明确,需要延长比赛时间以得出结果。高考决定的只是专业的方向和起点的高低,就像是一场预热,之后的四年才是真正较量的时刻。能跑多远,就是自己的事情了。

一次聚会有朋友开玩笑:"读了几年大学,发现大家的笑点都不一样了。"真是这样。不仅是笑点,大家的谈吐、见识、遇事的应变能力、经历好像都在这四年里慢慢地有了落差。而这样的落差不是一天就造成的,是日积月累的结果。

今天你去图书馆,我在宿舍打游戏;明天你去复习功课,我在看一部韩剧;后天你去参加一个志愿活动,而我想着去逛个街;大后天你带着满满当当的简历拿到 offer,而我只能尴尬地笑笑:"谁让自己脑子笨,搞不明白!"

到那个时候,你可能会恍然顿悟,高考能给我们的东西远远不足以支撑未来,唯独四年踏踏实实地完成自己给自己的许诺,拥有实实在在的实力,才是面对未来的真实底气。

所以,在这"桃红李白梨如雪,灿若云霞神仙境"的季节,告诉自己:要奔跑,不要逃跑。

我们需要建立一个什么样的学生会

无规矩，不成方圆，加入旅游学院学生会也就意味着多了一份责任与担当、多了一份辛苦与付出，希望大家都能够好好地思考为什么要加入学生会，期待大家在未来的道路上努力地提高自身的内在修为，增强自身综合素质。

我在上半年分团委学生会开会的时候聊过这个话题，也一直想写一篇关于"我们需要建立一个什么样的学生会"的说说，今天中午在写一篇新闻报道的时候，又突然想起。

之前我曾给大家说过："有人说，学生干部好当，但不好做。说'好当'是指当一个平庸的、无所作为的学生干部容易。说'不好做'是指要做一名师生一致公认的真正好学生干部很难。也有人说，现在当学生干部难，当大学生干部更是难上加难。如何做一名让同学喜欢、佩服、拥护，又让老师认可、满意、放心的学生干部，我认为要'拥有一种观念、改变两种作风、树立三种意识、处理四种关系、培养五种能力'。"

立足于这个实际，我觉得学生会应是一个有团结、有纪律、有规矩的集体，学生会每一个成员都要时刻维护学生会的优良形象，做好模范带好头。要时时以身作则，处处树立榜样，秉公办理各类事情，不能有丝毫的私心，要敢于批评与自我批评，善于听取不同意见，完善自己，促进工作。不但要在同学们心中树立自己的良好形象，而且要让同学们充分信任学生会，这一切都要求我们努力努力再努力。

陪伴是最长情的告白

曾经的她为了学生，从早到晚，在忙碌中度过了自己的青春年华；

曾经的她为了学生，沉浸在如何弄好一个表格、写好一份文稿、发准确一个通知、盖好一个章、领好一份材料、完成领导临时交代的一个工作、开好一个小会、谈好一次话这些琐碎的事情上；

曾经的她为了学生，直到半夜拖着疲惫不堪的身躯回到家，看着已经入睡的孩子，惭愧自己没有尽到一个做母亲的责任；

而就是这样的她舍弃了小家，为了我们的学生能够健康茁壮地成长，为了分团委学生会各项工作能够顺利开展……

有人说，辅导员这份职业就是"在琐细中积累其伟大，在坚守中成就其理想"。

当历史的车轮驶过当下，作为一个新人的我，刚刚从游佳忆老师手中接过这熊熊燃烧的火炬，我期待自己能够像游老师一样，做一名受学生爱戴的好老师。

转眼又一年，我们携手走过春夏秋冬，一起看过"人面桃花相映红"，一起听过"稻花香里说丰年"，一起叹过"霜叶红于二月花"，一起盼过"风雨送春归，飞雪迎春到"……无论是"雨霁风光，春分天气，千花百卉争明媚"，还是"露从今夜白，月是故乡明"；无论是"清明时节雨纷纷"，还是"大寒须遣酒争豪"，我们在花开四季的人生舞台上，感受着寒来暑往，捕捉着生命瞬间。

愿在新的春天，于青山绿水间以清净心看世界，以欢喜心过生活，以平常心生情味，以柔软心除挂碍。不离不弃，这样才好！

关于阅读的力量

刚才在看早间新闻，其间播放了一则公益广告——"阅读，给我们成长的力量"。

2014年第十一次全国国民阅读调查报告显示：2013年，我国数字化阅读方式的接触率为50.1%，较2012年上升了9.8个百分点；各媒介综合阅读率为76.7%，较2012年上升了0.4个百分点。2013年，有44.4%的成年国民进行过网络在线阅读，41.9%的国民进行过手机阅读。就在昨日中午，我在QQ空间转载了一篇《习惯改变命运——德式阅读的力量》，其实就是想告诉同学们，读书确实可以锻炼自己独立思考和解决问题的能力。

教育理论家朱永新曾说：一个人的精神发育史就是他的阅读史，一个民族的精神境界取决于这个民族的阅读水平。同样，作家贾平凹曾说："其实世上的事情，如果你想干，就会有一万个理由去说服自己干；如果你不想干，也会有一万个理由、一万个借口说服自己不去干，读书也是如此。""每个人从来没有觉得吃饭厌烦，读书也是一样的。一旦读进去，养成了习惯，读书就会成为我们生活形态的一部分，成为我们生命的需要、生活的需要。""如果让我说一句话，能滋养你，滋养你的子孙后代，那就是——'读书，培养读书的习惯'，这是最实在的。"

阅读可以励志、养性、立德，是对人生的磨炼和意志的考验；阅读能提升个人素质及品位；阅读是传承文明、更新知识、提高民族素质的基本途径。一个人阅读能力的大小直接影响到他的成长、职业能力和他对社会作用的发挥；一个国家国民阅读率的高低、国民阅读力的大小，则直接关系到国家软实力和综合国力的强弱，影响到全社会的总体文明程度和创造能力。

亲爱的同学们，对此问题你们怎么看呢？

第三篇　DI SAN PIAN

大三"成才"篇

说一说青春中国梦

骑行于这风雨中，做一名追风的少年，又何尝不是一件美事呢？

言归正传，开始今天的聊一聊：昨天晚上参加同学们以"青春中国梦"为主题组织的团组织活动，大家都能够切实结合自身实际聊过往、谈理想、说抱负、话未来。在活动最后，我结合这些日子参与成都大学"CC空间创客校园行"旅院专场活动准备时的一些思考，谈了谈我个人对"成功者总是不约而同配合着时代的需要"的一些浅见。

那么，落脚于实际之中，同学们该如何破题、解题，回答未来什么样的人才更会创新创业、具备创新能力呢？或许我们一时半会儿根本说不清这个问题，毕竟它涉及方方面面的要素。而就在这样一来二去反复的提问与解答中，或许我们能够理解："为什么成功者总是不约而同地配合着不同时代的需要？"

我个人认为，对于大学生来说，有这样三个可能的回答。

第一，清醒认识"学习是第一要务"的重要性，学习是基础，只有打牢这个基础，方可"万丈高楼平地起"。

第二，要勇于打破常规，具备创新创业的开拓精神。郭沫若曾说过："人是活的，书是死的。活人读死书，可以把书读活。死书读活人，可以把人读死。"在扎实学习专业知识的基础上，大家要积极投身于"第二课堂"的实践和创新创业，在实践中学习。要敢于从固化的思维框架中跳出来，从另外一个角度、另外一个维度重新审视知识的发展和应用。

第三，知行统一，行胜于言。当我们遇到难题怎么办？有了想法怎么能成？做成事情的关键就在于行动。所以，希望同学们从现在就刻意培养起勇于实践、敢于开拓的创新创业习惯。

灯塔存在于你我内心

晚间,安排好拟发展对象培训班学员授课,与"3108 灯塔"先锋团队聊了会儿,了解了一下该团队近期项目的进展情况。回到办公室继续整理"价值共识",不料眼前一黑,全部教学楼顿时黑压压一片。一面抱怨文档未保存,实为可惜;一面欲速逃离黑暗地,追寻光明。出楼道,下楼梯,抬眼望,十陵上街的霓虹闪烁如远方的灯塔一般,给人一种希望与慰藉,既照亮前方的道路,又安定内心的悸动。

不管何时何地,经历什么,人们都会主动跑起来追寻那一丝光芒。正如英国作家弗吉尼亚·伍尔芙在《到灯塔去》里描述的,在主人公小的时候,"灯塔"是"银灰色的、神秘的白塔,长着一只黄色的眼睛"的具象,存在于海面之上。但当你真的长大以后,你会发现,海上空无一物,而灯塔存在于你的内心。

如何保持"不迷途、不触礁"的人生底线,自然需要从一开始就得扣好纽扣。如果第一粒纽扣扣错了,剩余的纽扣都会错位。而社会主义核心价值观就是人生的纽扣,也是生活的灯塔。它的养成,绝非一日之功,需要因事而化、因时而进、因势而新。

寒假当养"静能量"

午间,一杯清茶,一卷诗书,徜徉在温暖和煦静谧的阳光中,心灵因注入了诗词而丰盈起来,生命因融入了阅读而温润起来。晚饭过后,一个人静静地漫步在八百里秦川一垄一垄麦地的田埂上,走着走着有了点思考。寒假已经开始一段时间了,愿同学们过一个快乐幸福的寒假,更希望同学们在寒假好好培养一下"静能量"。

诸葛亮在《诫子书》一文中写道:"夫君子之行,静以修身,俭以养德,非淡泊无以明志,非宁静无以致远。"心静,才能身静。静能制动,静能生悟,静能思远。显然,静是一种"能量",甚至是一种很强大的"能量"。

"唯有你愿意去相信,才能得到你想相信的。对的人终究会遇上,美好的人终究会遇到,只要让自己足够美好。"这是电影《北京遇上西雅图》中女主角文佳佳的几句台词,被不少网友奉为温情美好的经典语句。怀着感恩、珍惜,那份"美好"是最简单的一种快乐,却带给人们心灵的满足。所以,希望同学们静下心、慢下来,培养"静能量",去发现那些无意间与父母、与姊妹、与兄弟间忽略掉的生活之美,真真切切感受这些细微而近在眼前的爱与幸福,在假期这段时间里好好陪伴他们。

我们都希望成功,甚至每天有不少人在苦苦探寻成功的"终南捷径",钻研"成功学",夜读"厚黑学",每天忙于交朋友、建圈子,却没有想好针对目前的专业学习要做什么、怎么做好。每当"成功人士"轻轻一"点拨",瞬间像打了鸡血,信心爆棚,急吼吼、匆忙忙做方案拿计划,但是,一旦行走的道路遭遇挫折,又不知如何是好,踌躇不得志,甩膀子、撂挑子、吹胡子、瞪眼睛成了家常便饭。抑或是"这山看着那山高",职业生涯规划大学四年变了又变、改了又改,结果到头来任由四年美好时光蹉跎。有句话是这么说的,"人生难买后悔药。走过的路,方知坎坷"。人要想顶天,首先必须还得立地。只有"涵养""致知",站在现实的土地上,才能拔地而起。

寒假是多么美好的一段静养的时光,同学们可在这段时光里真切享受一份安静,于安静中汲取养分和能量,培植一片"精神绿洲"。

多读一些"无用"之书

一直以来,在我个人看来,大学生应该在象牙塔中多读点"无用"之书,多做些"无用"之事,多走点"无用"之路。老祖宗曾经有云"书中自有黄金屋,书中自有颜如玉",这句话实属不假,但在经济社会的今天,大多数人买的都是一些考试类的、营销类的技能之书。对于不教授基本技能的书,如尼采、萨特、李白、杜甫、孔孟、老庄、巴金、季羡林、王国维等人的书,则少人问津。

立足当下,我们谈生存,自然得学个一技之长,做到术业有专攻,所以,读一读技能方面的书,做到学以致用无可厚非。但大学生还是应花点时间去读一读那些"无用"的书。

说到读"无用"之书、做"无用"之事、走"无用"之路,其实在我看来,这些无用之事却可以养心、怡情、增趣、益智。学者易中天说:"读书分两种情况,一种是谋生的,一种是谋心的。谋生的书你去看它,可以获得利益,是有用的;谋心的书是无用的,但可养心。现在很多很时髦的书是养生书,但养生之道首在养心,心态不好不可能健康长寿。"不读《红楼梦》,怎能领略爱情悲剧的凄美,怎能知晓木石之盟与金玉之缘的魅力之所在?不读《论语》,怎么感悟言简意赅之中的博大精深?

因此,在青春的大好年华里,同学们当以感恩的心努力学习,以好奇的心探索学习,以快乐的心愉快学习,以谦虚的心认真学习,求真、从容、淡定,多读点"无用"之书,多做些"无用"之事,多走点"无用"之路。其实,"无用"其实是有大用的,此即庄子所说"无用之用方为大用"之意。

常怀敬畏之心

还记得上初中那会，老师在课堂上教授严春友先生的《敬畏自然》，后来也延伸阅读过周国平先生的《敬畏自然》。随着年岁的慢慢增长与阅历的慢慢丰富，开始零散阅读一些老庄之道、儒家经典、佛家禅语。老子曰："人法地，地法天，天法道，道法自然。"孔子曰："君子有三畏：畏天命，畏大人，畏圣人之言。"

一直以来，我个人觉得人栖居在广袤的土地上，来自泥土，归于泥土，土地是人的永恒家园；人栖居在璀璨的星空下，仰望苍穹，因惊奇探究宇宙之奥秘，因敬畏感悟造物之伟大，于是慢慢有了科学与信仰。

当今日再次行走于沉默的大山之中，看着眼前一幕幕的风景，感慨自己如天地之间蜉蝣一般小，惊叹造物主之伟大，敬畏造物主之神奇。虽然在攀爬登高的过程中，如管中窥豹一般微略瞥见"大山的真相"，但是用人类理性发明的语词只能谈论现象，不能谈论世界的本质，心头充盈着的应是满满的敬畏之心、敬仰之心、感恩之心。

在路上

50 年前，杰克·凯鲁亚克写出了《在路上》，他笔下的人物直接被人们定义为"垮掉的一代"的典型代表。50 年后的今天，《在路上》引发的精神力量，让老去的一代怀念当初的激情，让正处盛年的中坚一代艳羡那一份自由的刺激，让精力旺盛的年轻一代在现代的物质社会中体验与父辈共通的那种反叛与迷惘。

早在 2008 年上大学那会，偶然在恩师的书橱里见到了杰克·凯鲁亚克的《垮掉的一代》，出于某种好奇心，在讨论科技创新试验之余请教恩师这本书究竟在讲些什么。他笑了笑，只简短说了句："你还很年轻，我渴望你在路上，不断用自己的实际行动去追求生命中的真善美。"多年过去了，这句话对我的影响还一直在持续。

目前，恩师作为国内特派专家在非洲某个国家主持一些国际农业类项目，以至于我们的沟通只能在大晚上进行。他会笑呵呵地给我讲他有那里的所见所闻所感所获，并常常勉励我要有所为，有所作为。恩师一直耐心地带领着我，鼓励我用新的眼光来看这个世界，在行走的过程中寻找自己的价值。

有一位旅行家曾在书里说道，我从三毛、格瓦拉、凯鲁亚克和更多路人那儿获得了梦想和鼓励，我想告诉那些走在我后面的年轻人，人生不只是房子车子，应该还有另外一种可能，那就是自由、向往、大胆、热情。

所以，真想将梦想装进行囊，去远方流浪；将烦恼装进行囊，去跋山涉水。让生命走在路上，即使走得精疲力竭，可我拥有了别样的人生，更有了一颗轻盈、舒展的心灵。

希望我们的生命都能走在路上，携手共进，捕捉最美的记忆，收获最好的未来。

读万卷书，行万里路，享受一场行走的心灵盛宴。

一个人的时候想点什么

夜幕降临，一人在家，百无聊赖，感觉室内温度、光线很适合阅读。于是随意地选取了一本周国平的散文集《把心安顿好》，不知不觉之间，三个多小时过去了。

有人说，读书不该是一种任务、负担，更不该是为某种目的。有点小困，烧壶开水，泡杯妈妈给我带的清茶，静静地看着茶叶在水中舞蹈，听着许嵩的《断桥残雪》，有点想爸妈。

自打有记忆起，老爸就是一个整天忙碌、不善言谈的"农夫"，多年过去了，他每天还是那么忙。有时给他打电话，问："干什么哩？"他都说和我妈在地里忙碌。其实一直以来，我都觉得我这个儿子做得挺不称职的，自己平日里为他们考虑得太少，反倒是他们每天都为我的事情忙前忙后。

有一次，和爸爸聊天，他就说道："我们这庄稼人呐，有事没事就得往地里跑一跑、泡一泡，地里要种庄稼，就得精心翻耕，地里有了庄稼，就得细心呵护。杂草丛生，土地贫瘠。杂草一露头就要及时想办法除掉，如果杂草丛生那庄稼可就麻烦喽。你现在工作了，没事的时候多想想这方面的问题，可能对你成长有好处。"我当时就是笑笑，嗯了声。

有次回学校，与恩师聊天，他就问我："工作有一段时间了吧，有没有经常到郊外的地里去看看、去转转，看看当地的农民在各个季节档口都忙些啥？"我当时愣了一下，不好意思地笑了笑。

当夜深人静，再回头想想这些，其实不管是家人，还是恩师，他们时时刻刻都在提醒我，人的心灵何尝不是一片地？哲学家苏格拉底也曾说过，一个人为他物所掌握，像奴隶般地被牵着走。心灵的杂草野蛮生长，骄傲就会战胜谦逊，暴躁就会打败冷静，贪婪就会遏抑节制，虚伪就会压制诚挚，懈怠就会代替勤勉……人一旦被这些负面的、消极的"杂草"主宰，其言将离弦走板，其行将恣意妄为，他将成为一个让自己都感到十分陌生的人。

所以，真的该多去地里转转、看看，怀着一颗初心，珍惜平凡的生活，注重内在的世界。

第四篇 DI SI PIAN

大四"成就"篇

新时代召唤什么样的青年

"中国特色社会主义进入新时代,意味着近代以来久经磨难的中华民族迎来了从站起来、富起来到强起来的伟大飞跃,迎来了实现中华民族伟大复兴的光明前景……"在飞跃的起点,习近平总书记深情寄语年轻一代,"青年兴则国家兴,青年强则国家强。青年一代有理想、有本领、有担当,国家就有前途,民族就有希望。中国梦是历史的、现实的,也是未来的;是我们这一代的,更是青年一代的。"

青年是国家的未来、民族的希望。一个强大兴盛的国家,必须依靠优秀的青年人建功立业;一个生生不息的民族,必须依靠朝气蓬勃的青年人奋斗。青年是个美好的阶段,更是值得倍加珍惜的人生节点。

历史车轮滚滚向前,时代潮流浩浩荡荡。新时代召唤青年、塑造青年、成就青年,青年感知新时代、融入新时代、推动新时代。立足新起点、开启新时代,试问新时代召唤什么样的青年?一代又一代青年又如何在时代发展和历史进步的浑厚车辙中,镌刻上"新青年"的闪亮烙印?

——新时代呼唤信念坚定的青年。没有理想信念,就会导致精神上"缺钙"。一个精神上"缺钙"的人,是不可能承担时代所赋予的历史重任的。理想指引人生方向,信念决定事业成败。一个人的理想志愿只有同国家的前途、民族的命运相结合才有价值,一个人的信念追求只有同社会的需要和人民的利益相一致才有意义。

——新时代呼唤品格高尚的青年。《礼记·大学》说:"君子先慎乎德。"墨子曰:"德为才之帅,才为德之资。"品德修养是立身处世之基。正如习近平总书记所言,"道德之于个人、之于社会,都具有基础性意义,做人做事第一位的是崇德修身"。青年是引风气之先的社会力量,一个民族的文明素养很大程度上体现在青年一代的道德水准和精神风貌上。因此,广大青年一定要大力加强道德修养,注重道德实践,自觉弘扬爱国主义、集体主义、社会主义思想,积极倡导社会公德、职业道德、家庭美德和个人品德,带头倡导良好社会风气，以自己的实际行动促进社会道德进步。

——新时代呼唤本领过硬的青年。陈独秀在《敬告青年》中写道："青年如初春，如朝日，如百卉之萌动，如利刃之新发于硎，人生最可宝贵之时期也。"习近平总书记也曾说："青年有着大好机遇，关键是要迈稳步子、夯实根基、久久为功。心浮气躁，朝三暮四，学一门丢一门，干一行弃一行，无论为学还是创业，都是最忌讳的。"因此，广大青年要牢牢把握和利用好青年时期，一要博学明辨，做到"腹有诗书气自华"；二要创新进取，敢于"潮头出海卷秋风"；三要笃行致远，坚持"天下大事作于细"。

——新时代呼唤敢于担当的青年。担当精神难能可贵，一个敢于承担责任的人，是值得敬佩和信赖的人，青年一代要敢于迎接挑战，挑起大梁，做顶天立地的新青年。习近平总书记指出："要勤于学习、敏于求知，注重把所学知识内化于心，形成自己的见解，既要专攻博览，又要关心国家、关心人民、关心世界，学会担当社会责任。""我相信，当代中国青年一定能够担当起党和人民赋予的历史重任，在激扬青春、开拓人生、奉献社会的进程中书写无愧于时代的壮丽篇章！"因此，广大青年要脚踏实地，切实把心思和精力用到学习和工作上，在学习中沉下身、静下心，多读书多积累，厚积方能薄发；在工作中多干事、多锻炼、办实事、求实效。

作为青年一代，更要志存高远，"敢"立潮头；更要勤奋好学，"争"立潮头；更要事争一流，"能"立潮头。筑牢爱国之魂、创新之魂、奋斗之魂，在实现中国梦的生动实践中放飞青春梦想，在为人民利益的不懈奋斗中书写人生华章。

我和我的祖国

10月1日，当五星红旗又一次在天安门广场升起，伟大的中华人民共和国迎来了自己的66岁生日！阳光普照大地，时空中辉映着当代中国自信阔步向前的足印。人民英雄纪念碑前，人们仰望金色碑文，回首一个民族从屈辱到奋起的历史，感受一个国家由贫弱走向富强的自豪。

毛泽东亲自起草的碑文这样说："三年以来，在人民解放战争和人民革命中牺牲的人民英雄们永垂不朽！三十年以来，在人民解放战争和人民革命中牺牲的人民英雄们永垂不朽！由此上溯到一千八百四十年，从那时起，为了反对内外敌人，争取民族独立和人民自由幸福，在历次斗争中牺牲的人民英雄们永垂不朽！"

这66年来，包括你、我、他，我们创造了波澜壮阔的历史。今日，走在实现中华民族伟大复兴中国梦的征程中，我们可以自信地向世界庄严地宣告：一个充满希望与幸福的中国，在东方巍然屹立！

梁启超在《少年中国说》中这样写道："故今日之责任，不在他人，而全在我少年。少年智则国智，少年富则国富，少年强则国强，少年独立则国独立，少年自由则国自由，少年进步则国进步，少年胜于欧洲，则国胜于欧洲，少年雄于地球，则国雄于地球。红日初升，其道大光；河出伏流，一泻汪洋；潜龙腾渊，鳞爪飞扬；乳虎啸谷，百兽震惶；鹰隼试翼，风尘吸张；奇花初胎，矞矞皇皇；干将发硎，有作其芒；天戴其苍，地履其黄；纵有千古，横有八荒；前途似海，来日方长。美哉，我少年中国，与天不老！壮哉，我中国少年，与国无疆！"

雷锋精神，点亮心灵的火种

2020年3月5日是第57个"学雷锋纪念日"，也是第21个"中国青年志愿者服务日"。57年，足以让一个懵懂少年满头白发；57年，也足以让中国发生翻天覆地的变化。然而，时光流转，雷锋的青春模样在人们心中从未远去，雷锋精神在岁月的长河里永远闪亮。雷锋精神所蕴含的"信念的能量、大爱的胸怀、忘我的精神、进取的锐气"和"奉献、友爱、互助、进步"的志愿服务精神已经化为向上、向善的养分，融入中华民族的血脉与灵魂，成为鼓舞和激励中华儿女攻坚克难、不断进取的强大精神动力。

习近平总书记讲道："雷锋精神，人人可学；奉献爱心，处处可为。积小善为大善，善莫大焉。当有人需要帮助时，大家搭把手、出份力，社会将变得更加美好。"作为新时代的新青年该怎样学雷锋，怎样传承和弘扬雷锋精神？

——爱党爱国爱人民的"赤子"精神。爱国，是人世间最深层、最持久的情感，是一个人立德之源、立功之本。中国是一个历史悠久、统一的多民族国家。家是最小国，国是千万家。国家好，民族好，大家才会好；个人命运与国家命运紧密相连，只有热爱祖国、为国奉献，才能实现最高的人生意义与价值。疫情面前，"逆行者"的坚定无畏、志愿者的大爱无私、医护者的奋勇向前、共产党员的冲锋陷阵、普通民众的大力支持都是"赤子"精神的集中缩影。

——助人为乐、公而忘私的"奉献"精神。人活着是为了什么？疫情面前，全体中华儿女在彼此的感动中携手奋战、共克难关。坚守一线、搏击病毒的医护工作者，尽职尽责构筑抵御疫情防线的社区工作者，亲力亲为支援一线的志愿者，日夜坚守岗位的人民警察、环卫工人、公交司机、快递小哥，"爱心无价不留名"的普通百姓，每个人都在竭尽全力守护人民群众健康、保障人民群众正常生产生活。疫情无情人有情，危难时刻我们看到的是大爱与奉献的高扬。

——励志勤学、刻苦钻研的"钉子"精神。雷锋把钉子的挤劲、钻劲运用到工作和生活中，不断"刷新"和超越自我，使每一天都过得充实、精彩、有价值。在抗击疫情的前方，有很多医护人员和科研人员，肩负使命，忠于职守，为守护一座城市、一个国家默默奉献。"作为一名一线科研人员，虽然防疫任务艰巨，但为了人民的健康，付出再多也是值得的！""恨不得一天24小时都投入新冠肺炎病毒的科研工作中去。"……从古至今，无数优秀中华儿女埋头苦干、拼命实干，在承平时期默默耕耘、无私奉献，在危急关头挺身而出、舍生忘死，他们是中华民族的脊梁。

——忠于职守、爱岗敬业的"螺丝钉"精神。在伟大的事业中做一颗永不生锈的螺丝钉，是雷锋的职业操守。雷锋以极大的热情投入工作，把普通的岗位变成广阔的舞台，将平凡的事业干得有声有色。这份热情和执着，让平凡变得伟大，让普通变得出众。疫情之下，生命重于泰山！保障师生生命安全、身心健康始终是工作的底线和红线。辅导员、班主任作为学校工作落实的终端环节，也是感知同学们日常情况的"神经末梢"。面对疫情，辅导员、班主任都是打起了十二分精神，时刻保持着"满格电"，转"线下面对面"为"线上键对键"，全力指导学生解决普遍关心的考研复试、就业创业、心理咨询、生涯规划等问题，千方百计保障学生成长"不掉线"。试想，有多少人混乱了白天与黑夜，有多少人身上挂满风雪，有多少人带病坚守岗位，又有多少人的亲人近在咫尺，却难以相见？"健康所系，性命相托。""我们长大了，世界我来守护！"一句句朴实的话语背后是沉甸甸的责任，更是展现着忠于职守、爱岗敬业、无私奉献的"螺丝钉"精神。

时代新人具有理想信念素养，理想指引人生方向，信念决定事业成败。雷锋具有坚定的理想信念、强大的精神支柱，培养时代新人，雷锋就是光辉榜样。时代新人具有责任担当素养，责任是信念之基，担当是力量之源。雷锋之所以干一行爱一行，就是因为他有责任担当。要培养时代新人，雷锋就是绝好的教材。时代新人具有励志勤学素养，梦想从学习开始，事业靠本领成就。雷锋不怕困难、敢于钻研的"螺丝钉"精神，激励着一代代中华儿女励志成才。要培养时代新人，雷锋就是最佳典型。时代新人具有奋斗奉献素养。他们同人民一道拼搏、同祖国一道前进，服务人民、奉献祖国，是当代青少年学生成长成才的正确方向。雷锋甘于奉献、不求索取的精神，更是培养时代新人的精神航标。

如今，全国疫情防控形势积极向好，成千上万的大学生以高度的责任心和使命感，展现出战"疫"中的青春担当。今天，雷锋依然在路上播撒真理的种子，依然在课堂上倾吐自己对党、对祖国、对人民的忠诚和感恩。而一代一代的大学生也正是从雷锋的每一个脚印、每一行日记、每一次行动和每一回思考中，体验到精神的高度、生命的热度，汲取前行的力量。

用行动发扬"主人翁"精神

想必每位学生都已收到学校通过各种渠道发布的疫情通知以及班级群里每天不间断的温馨提示。大家每天宅在家里,也在时刻关注着疫情的变化,关心远在武汉的同胞们,敬佩那些奋斗在一线的医护人员、科技人员以及勇敢担当的志愿者和企业。

相信每个人在过去的这段时间,都是人不动,心在动,更是在行动。用行动发扬"主人翁"精神,筑起防疫青春长城。我们都是这场没有硝烟的战场上的参战者,无数"逆行"的背影点亮阴霾中的感动。

不信谣、不传谣,坚持做到科学抗疫,切实加强科学防控,我们必将取得战"疫"的胜利!

当前,从共产党员"我先上"的无畏担当,到医务人员"我愿意"的请战誓言,再到人民群众"我支持"的自觉配合,全国已经形成了全面动员、全面部署、全面加强疫情防控工作的局面,构筑了抗击疫情的铜墙铁壁。

今年,同学们留守家中,并不等于没有了课堂。而这正是一堂最值得我们好好学习的"大课",我们每个人都身临其中。媒体上铺天盖地的报道,疫情进展、专家访谈、防护知识等,都是很好的"教材",再加上生活中人人都在参与疫情阻击,堪称一场巨型的社会实践课。

生活中有两个习惯能让我们保持旺盛活力和积极情绪,那就是持续化学习和坚持性运动。前者保证思维有活力,后者保证身体有活力——身体有活力,思维就敏捷。思维有活力,身体就协调。美好的一生,始于正确习惯的养成。所以,希望我们每个人:

——共情而不伤情,见疫而能智为。我们应充分利用疫情产生的科普素材,整理一些有价值的内容,主动关注疫情进展,了解病毒知识、防控知识等,拓宽视野与知识面,更好地去理解现实社会,树立科学思维观念,运用科学逻辑分析、解决问题。此外,我们还可以自主搜集疫情信息,整理疫情数据,分析疫情产生原因,预测疫情的社会影响,了解社会运作、科学防疫等。

——休假而不停学，保持勤勉上进。任课老师这段时间都在"学习通"和MOOC平台紧急备战，认真做好延期开学期间"停课不停学"工作，为广大学生提供学习资源和学习支持的服务。所以，请大家在起居自由而学习氛围不甚浓厚的家中坚持学习，不要沉醉梦乡，或是倍感烦闷忧愁，甚至迷茫志在何方，让时间白白流逝。学习无须天时地利，而是每一个"现在"。

——居家不单为国，不忘家庭温暖。也许你觉得房间逼仄，父母喋喋不休，可是任何地方、任何关系都有不完美。你能把理解和耐心给予许多人，又为何忘了最亲近的人？和家人多一些沟通和理解，你已经长大，成了父母眼中期盼已久的大学生，请珍惜你与家庭的温馨生活吧。你现在居住的家，是多少人回不去的地方呀。

让我们再坚持一下，一定能等来春暖与花开！加油，在新的春天，让我们养成正确的习惯，强壮身体，强大免疫力，担起家庭的责任，挑起工作的大梁，推动我们的社会不断进步。

永远在路上

一个人如果没有脊梁，就站立不起来；如果没有信仰信念，精神世界就会坍塌。中华民族有五千多年的文明历史，创造了灿烂的中华文明，为人类作出了卓越贡献，是世界上最伟大的民族之一。

古有"精卫填海""愚公移山"，以"拼"的精神改变自然环境；亦有越王勾践"卧薪尝胆"，在逆境中以"拼"成就一番霸业；今有铁人精神、"两弹一星"精神、红旗渠精神、载人航天精神、大庆精神、三峡精神、青藏铁路精神……这些都深深打上了"拼"的印记。从一定意义上可以说，五千多年中华民族漫长奋斗的发展史就是一部"拼"的历史。

拼劲来自哪里？来源于坚定的理想信念。漫漫征途，正是信仰的引领，让一切艰险皆成淬炼，一切磨难皆成锻造。

站在中华民族伟大复兴新的历史起点上，唯有不忘初心、牢记使命，才能高举中国特色社会主义伟大旗帜，决胜全面建成小康社会，夺取新时代中国特色社会主义伟大胜利。我们党始终把坚定理想信念作为党的思想建设的首要任务，教育引导全党同志牢记党的宗旨，挺起共产党人的精神脊梁，解决好世界观、人生观、价值观这个"总开关"问题，自觉做共产主义远大理想和中国特色社会主义共同理想的坚定信仰者和忠实实践者，方能登高望远、居安思危，勇于变革、勇于创新，永不僵化、永不停滞，团结带领全国各族人民决胜全面建成小康社会，奋力夺取新时代中国特色社会主义伟大胜利。

求职季，心当养静气

求职季，同学们或许天天起早贪黑，西装革履，带着厚厚的简历，穿行在写字楼密密麻麻的格子间里，穿行在高楼大厦拥堵的大街小巷中，累了靠着街墙仰头看会天，深吸几口气，对着自己笑一笑，继续赶往面试的下一站。就这样，当某一天面试官说"我们团队会因为你的加入更加幸福"时，他会跑到洗手间或没人的角落，哭泣、发笑，因为这一刻定格了"幸福"。

"求职季，心当养静气"，其实我一方面想表达，在求职的过程中，当遇到挫折与困难时，一定记住，给自己留一点空间，让自己的内心保持独立、自由和强大；另一方面想表达，在求职的过程中，千万莫眉毛胡子一把抓，拿宝贵精力不当事，简历遍地投，各行都想入，面试到处跑，猴子掰棒子，掰了一个忘了上一个。

"求职季，心当养静气"，也就是说求职季，要学会认识自己、了解自己，保持自我独特性，有方向性地谋划未来，少走弯路，这样才能找到更有利于自身的发展方向。有很多人比较喜欢繁华的街区，喜欢追逐热闹的景致，每天乐此不疲，问他工作咋样了，积累了多少经验，他却回答，我快乐了，其他的还没思考。

"求职季，心当养静气"，就是要肯下功夫，试问世间事有几件是可以一蹴而就的，没有吧？

"求职季，心当养静气"，也就是说求职季，心静才能让路更稳。青春无限，精力有限，将有限的精力用在读书、修身、谋业之上，才能让自己走得更远、更持久。

写在我的毕业季

前天，我们在青藏高原高寒草甸上直面风霜；

昨天，我们在河西走廊上追赶骄阳；

今夜，我们在实验室不灭的灯光下探寻学问之道，每一个寂静的星空和刚刚露出笑脸的太阳，都在向世界庄严的宣告：我们正在茁壮成长！

这一刻我们都毕业了，从此告别了一段纯真的青春，一段年少轻狂的岁月，一个充满幻想的时代……

明天，我们即将起航，期待我们都能脚踏实地、仰望星空，用自己辛勤的汗水浇铸自己的理想。

衷心祝愿兰州大学草地农业科技学院2015届毕业生前程似锦，十年之后让我们相聚金城，再话当年情。

> 屈指相识只三载，
> 劳燕分飞各东西。
> 而得念于离人怨，
> 两厢蒙抱终无言。

相聚即是缘，既是我们的幸福，也是我们的重任。我们手中拥有的，是能够开启美好未来的钥匙，但是，铺陈在我们脚下的，将会是一条布满荆棘和曲折的道路。

还记得任继周院士说过这样一句话："命运是素质与机遇的乘积，提高素质，掌握机遇，命运在自己手中。"

衷心祝愿兰州大学草地农业科技学院2015届毕业生在未来的征程中提高综合素质，掌握机遇，学有所思、思有所悟、悟有所行、行有所成！

在离别前的最后八小时，外面淅淅沥沥的小雨，若隐若现般地把我带回了三年前从十三朝古都长安沿着古丝绸之路走向河西走廊看大漠孤烟时的场景……

即将启程,把各种不舍与留恋埋藏在心中,寄语美好与希望于未来。

兰州—成都,即将启程,加油!

别了,兰州大学!

别了,兰州!

别了,大西北!

写在你的毕业季

寻知成大勤问道
圆梦嘤鸣求致远
鲲鹏振翼勇创新
云帆高挂至卓越

旅游与会展学院的学子有的拿着自拍神器与校长、院长合影，有的带着老婆、孩子一块参加授位仪式；院内三位姐姐给学子送上真心祝福，好有福！我简直觉得自己的青春"白活"了……

衷心祝福所有的同学展翅高飞，拥有美好的未来！加油！

从金城兰州行走天府之国，立足成都平原，落地扎根成大仅三五天就即将送走离别的你们。你们是我来成大后送出的第一届毕业生，有点遗憾的是，我还没有来得及抽出更多的时间与"颜值爆表"的你们"约起来"，没来得及和你们聊聊天，了解你们对我们学工办平日学生工作的所思所想，就要和你们挥手告别，真是非常不舍。但我不敢也不能把你们留下来，因为世界那么大，你们应该去看看；人生舞台这么大，你们应该任性一回。

感谢上苍给了我们这三五天的交集，这短短的三五天，却使我们有了一生的缘分。

在这个毕业季，我有幸在成大学术交流中心欣赏了你们的青春回忆录，它浓缩了你们在这里成长的酸甜苦辣，表达了你们对成大的深深眷恋，体现了你们对旅游与会展学院师生员工的友爱之心，同时也展现了你们对未来的美好憧憬。许多场景都让我热泪盈眶，感动不已。你们在成大学习期间的优异表现，证明了你们是"玩得酷、靠得住、肯吃苦、勇挑战"的新一代成大旅游人。

跑得快并不一定会成功，真正的成功在于不反复跌跟头，在于不在一件简单的事情上反复犯错。愿所有的同学们，从今以后背上行囊真正独立行走于大地，身上都能够凝聚求真务实、自强不息的成大精神，传承成大师生共同的血脉；愿大家带着这种精神和血脉，为我们的国家和民族尽一份力量。

各位，青春的下一站幸福即将开启，加油！
有时间常回家看看，后会有期！

四年前，踏进校园的那一刻，你与成大结缘；四年后，跨出校门的那一刻，你是母校的名片。毕业了，新的梦想即将开始，新的未来自定义。

希望大家牢记商学院院长马胜教授深情的勉励："社会是一所更大的大学，需要我们始终保持主动学习、终身学习的理念，谨记我们都是普通人，需要一步一个台阶，万丈高楼平地起，保持平常心，不要急功近利，患得患失。"

耐心很重要

柏拉图有句名言:"耐心是一切聪明才智的基础。"中国也有句古训:"只要功夫深,铁杵磨成针。"名言也好,古训也罢,都异曲同工地道出了耐心在学习、工作与生活中的重要性。

所以,我希望同学们在实际学习、工作与生活中能够多一点耐心,多一点耐心,再多一点耐心,或许这样,我们的工作会做得比我们想象的更出色。

钱学森也曾说过:"不要失去信心,只要坚持不懈,就终会有成果的。"那么,无论未来如何,我都希望大家能够把握当下,希望这个耐心话题能起到抛砖引玉的作用。

与学生谈心的思考

与学生谈心虽是我平日里的一项常规性工作,但它确实需要因事而化、因时而进、因势而新。我需要不断在探究中实践,在实践中创新,从而不断提高自己的工作能力。

谈心是个好办法,它是用一片云去推动另一片云,用一棵树去摇动另一棵树。但把这个好办法用好却不易。它呼唤真诚,也需要艺术。只有敞开心扉,在严于律己、宽以待人的和谐气氛中促膝而谈,才能抵达以情感人、以理服人的境界。因此,多谈心交心,多掏心见胆,方能在师生之间形成一种平等相待、心无芥蒂的良好氛围。

而思想政治工作,从根本上说是做人的工作,当眼中有了"人",才能积极主动联系学生思想实际,引导他们正确认识世界和中国发展大势,正确认识时代责任和历史使命,正确认识远大抱负和脚踏实地;才能全面提高学生思想政治素质,让学生成为德才兼备、全面发展的人才。

第五篇 DI WU PIAN

职业成长篇

用实际行动践行社会主义核心价值观
——写在四川省第 23 届高校新任教师职业技能培训之际

道别金城开启寻梦之旅

时光匆匆，还没来得及相互道别，我们却早已各奔东西。带着厚重的行囊，行走天府之国，望着此时成大的星空，是那么的无言。我想用一支笔，挥毫泼墨写意人生，却发现，宣纸早已铺好，却不知该如何下笔。我清楚这句话很能形容一个性情中人的内心。

时光匆匆，转眼间行走川地已半月有余。自青春期从富庶太平的八百里秦川懵懂地迈出人生真正意义上的第一步，求学于中华农耕文明发祥地、国家级农业高新技术产业示范区陕西杨陵；再到处于大陆腹地、黄河中上游，具有山水美城之称的西北重镇甘肃金城——兰州。辗转求学已有20余载，虽然陪我一路行走的"战友"越来越少，但在求学过程中内心的那份感谢却越来越重。

曾带领团队行走于青藏高原高寒草甸，进行有毒杂草的样方调查；曾带领团队行走于河西走廊，看大漠孤烟；曾带领团队行走于夏官营大学萃英山，感受那传说中的世界最遥远的距离……

当历史的车轮碾过27岁的天空，走过后青春时期的我希望自己能够放下傲气、增强骨气。这些年虽然不能说自己有多么成功，但是成长了很多。感谢一路走来一直关爱、呵护我成长的良师益友和养育我的家人！一路上有他们的陪伴，才让我今日能够平心静气地在成都大学旅游与会展学院继续耕耘、播种，为身边的同事、我的学生带来幸福与快乐！

入职培训深化追梦之旅

为期三天的入职培训已经告一段落了，从"追寻成大足迹，创造辉煌未来"到"教师的伦理精神与修养"，从"从我做起，践行社会主义核心价值观"到"如何讲好一节课"，从"如何做好以学生为中心的教育"到"一个好的老师或者管理者应具备哪些基本素质"……一场场精彩的报告、一幕幕激情的讲述、一次次高效的互动,让我这个初出茅庐的毛头小子真正见识了成大人在创业道路上求真务实、自强不息、开拓进取的韧劲与心劲。

站在成大转型发展、二次创业的起点,立足于成大十年跨越三步走的关键时期,作为一名新成大人,我们明白学生是学校的主体,学生工作是学校的重要工作,如何加快推进创新型学工队伍建设,是摆在我们这群刚出校门又进校门的年轻人面前的现实问题。而在实际工作中如何透过显性问题看更深层次的隐性问题,如何站在学院层面转变自己的工作方式,如何从不同维度审视自己的工作思维等,是有效衡量我们综合素质的有力标杆。

综上所述,只有不断深入学生中并了解学生,方能有效引导学生开展人生职业规划,而在这个过程中就需要做到:一是努力实现全局工作的稳步推进,二是努力实现常规工作的做实做细,三是努力实现重点工作的给力高效,四是努力实现特色工作的提档升级。愿我们一切从全局出发,心怀成大梦,践行成大梦。

漫步川师开启筑梦之旅

什么是真正的教育?德国二百年前的教育宣言曾经如此说道,教育的目的,不是培养人们适应传统的世界,不是着眼于实用性的知识和技能,而是要去唤醒学生的力量,培养他们自我学习的主动性、抽象的归纳力和理解力,以便使他们在目前无法预料的种种未来局势中,自我做出有意义的选择。

7月19日,风华正茂、带着书生意气的我们聚于狮子山下,开启了"再当一个月学生,做一名合格高校教师"的新模式。从"高等教育法规"到分小组答辩讨论,从"高等教育心理学"到班级组织生活,从"如何做好辅导员工作"到"教师职业道德",让漫步于狮子山下的我进行了一次彻底的精神洗礼,让我更充分意识到面对辅导员这一神圣而崇高的伟大事业,要立足实际,引导学生从幼稚走向成熟。敢问路在何方?路在脚下。我期待自己能够不断强化理论学习,提升内在修为,扣好人生的第一粒扣子,做一个健全的,有自信的,尊重别人,有高度社会责任感,能为自己学生带来幸福感的人;期待自己能够勿忘初心,心静如水,志刚如磐,恪尽职守,在琐细中积累伟大,在前行中温暖相依,在坚守中成就理想;期待自己能够在日常工作、生活中,不断抬起头来,仰望星空,胸怀积极的浪漫主义情怀,以持久的爱心、耐心、细心与责任心,在"想"中进行"思",在"思"中不断拷问与辩驳,培养学生的健全人格。基于此,我自己提出了四点警醒之言:一、心静如水、淡定心态。多读书，端正态度，积极谋划未来职业发展。二、志坚如磐、务实当下。用真心、用真情做好当下各项实际工作，为单位同时也为个人的职业发展交上一份满意的答卷。三、柔静处下、随遇而安。用情沉淀平日点滴琐碎工作给自己带来的幸福感，努力提升幸福指数。四、谋而后动、动必有成。在努力提升个人素养的基础上，积极提升工作能力，在此基础上适时谋划未来。

  当上课的铃声再次在我耳际响起，我才意识到新的一周生活已经开启。通过此次高校新任教师职业技能培训，我坚信，当我们作为一名辅导员为更多关乎学生未来的幸福而奋斗的时候，我们的人生一定是幸福的；当我们用自己的力量帮助更多的学生获得人生幸福的时候，我们一定会更有意义、更有尊严地生活。

真心换好梦

——成都大学第五届"依法治校　廉洁从教"演讲实录

尊敬的各位评委，亲爱的同仁们：

大家好！我是来自商学院的辅导员杨龙。其实就在刚才我还在想，面对你们，我究竟该说些什么？毕竟对于这三尺讲台，我还过于年轻，深刻的人生感悟、实用的教学技巧，我都讲不出来，我仅有乐教爱生的情怀。所以，今天我就结合自身实际与大家分享一些我的梦，一些依法治校、廉洁从教的梦。

有人说，"成都是一座来了就不想离开的城市"。而对于一个前天还在青藏高原高寒草甸上直面风霜，昨天还在河西走廊上追赶骄阳的人来说，旅游学院是一个走进就无法再离开的家庭。在这个温馨大家庭里，作为辅导员的我经历了太多的第一次，这些第一次见证了学生的欢笑与彷徨，也同样见证了我的困惑与成长。

告别了一段纯真的青春，一段年少轻狂的岁月，一个充满幻想的时代……农历乙未年我从兰州大学国家重点实验室毕业，从一个负责听的学生转身变成了负责学生思想政治教育的教师，从一个总是被人管的孩子变成导航121个孩子人生教育的"团长"。压力大，梦境自然不会太好，总是梦见一转身，空无一人的教室；梦见一转身，台下睡倒一大片；梦见我乱糟糟的工作、学习与生活。

我以为这样的梦已经足够可怕，直到我的学生和我讲了他的梦。在空旷的大地上，静得听不到一丁点声音，他的四周好像都是路，又好像什么也没有，在熙熙攘攘的人海中，他被挤得左摇右晃。他想问问这是去哪里，可他却拉不住身边任何一个人。他跟我说："杨老师，我好不容易走出大山，考上了梦寐以求的大学，如果我在这里不努力，将来找不到一份好工作，我就真心没脸回去见父母。"日有所思，夜有所梦，我在担心着充满压力的现在，他却担心着无法掌控的未来。不过，这些担心都只是梦，日子还是要继续勇敢地过。

从那之后每一个寂静的夜晚和太阳刚刚露出笑脸的清晨，我都会向孩子们送出♯我的大学我的梦♯每日一句。我想通过这种方式让他们能够拿出勇气与信心，诗意且精致地过好每一天，相信没有什么是做不到的。孩子们开始每天坚持早起锻炼身体，开始积极且充满热情地生活、学习。

在同样的清晨与夜晚，我都会在整理庞杂的学生材料中度过，在不断安排各类活动中度过，在不断修改完善的通讯稿中度过。我身边有涂静老师、肖华玮老师、游佳忆老师，他们每一天任劳任怨地工作，他们会把每一页 PPT 修改再修改，每一张 Excel 表核对再核对，每一项奖助贷名单检查再检查，每一段细节把握再把握。正如彭晓琳副校长所说的那样，"学工战线上的人们正是在琐细中积累伟大，在前行中温暖相依，在坚守中成就理想"。

站在新的起点，遥望未来的沧海桑田，让我们并肩去探索这世界的奥秘，在脚踏实地的同时仰望星空，用美好给学生带来希望、带来曙光。让我们通过正确导航未来，引导他们如何选择朋友、阅读书籍，使他们汲取生存的力量，重新塑造自己的灵魂，不再畏惧这世界的变化！

现在每天晚上我还会做梦，但梦境一天天越来越踏实，梦中的成大也变得更美了，梦中迎来了一批又一批新鲜的脸孔。"每个人的心里都住着一个小王子"，期待在未来的某一天我会告诉自己，现在我的心里依然还住着单纯善良的自己，他会在每一个清晨提醒我，能够选择教师这个职业是多么幸福。我相信，付出真情天地宽，真心终能换好梦！愿我们彼此在这四季轮回中培育好生命的种子，在这岁月风尘中历练成长，挥毫泼墨书写就端正的"人"字文章。

谢谢大家！

胸有格局立天地　　立德树人谱新篇
——写在成都大学 2016 年辅导员技能大赛网文写作之际

《普通高等学校辅导员队伍建设规定》（教育部第 24 号令）指出，高校辅导员是开展大学生思想政治教育的骨干力量，是高校学生日常思想政治教育和管理工作的组织者、实施者和指导者。同时，实践证明，辅导员工作的方式直接关系到思想政治教育的成效和大学生的成长成才。因此，辅导员应当努力成为学生的人生导师和健康成长的知心朋友。

韩愈的《师说》曰："师者，所以传道授业解惑也。"高校辅导员有义务、有责任为当代大学生传做人之道、处世之道、文明之道、爱国之道、奉献之道，授知识之业、技能之业、学习之业、生存之业、发展之业，解求索之惑、精神之惑、思想之惑、创业之惑、创新之惑。学工战线上的人正是在琐细中积累伟大，在前行中温暖相依，在坚守中成就理想，在奉献中践行价值。"一名老师能够培养出让自己崇拜的学生"，应当是学工战线人的人生格局。而这样的格局如何，影响着我们行走过程能否保持心纯净、行致美，决定着我们能走多远、行多稳。正所谓眼界决定境界，格局决定结局。格局，是胸襟、眼界的反映，也是格调、情操的折射。

人生不仅仅只是需要会唱一首完整的歌，还需要一段完整的舞，更需要一个完整的身心。拿出自己的勇气与信心，相信没有什么是做不到的。海的尽头不是海，请找到登岸的喜悦；山的尽头不是山，请欣赏日出和日落；草原的尽头不是草原，请拥有草原般宽阔的胸怀……前天，我在青藏高原高寒草甸上直面风霜；昨天，我在河西走廊上追赶骄阳；今夜，我已经在成大不灭的灯光下安静地探索为师之道。

我十分庆幸自己成为一名高校辅导员，真心希望自己能够解决学生思想困惑，引领学生思想行为，希望我的学生能够成为鲁迅先生曾在《中国人失掉自信力了吗》一文中谈及的中国的脊梁。

教育的目的，不是培养人们适应传统的世界，不是着眼于实用性的知识和技能，而是要去唤醒学生的力量，培养他们自我学习的主动性、抽象的归纳力和理解力，以便使他们在目前无法预料的种种未来局势中，自我做出有意义的选择。

坚守情怀　领航青春

——在成都大学 2020 年度十佳辅导员评选大会上的发言

尊敬的各位评委，亲爱的同仁们：

大家好！我是来自商学院的辅导员杨龙。冷遇上暖，就有了雨；春遇见冬，有了岁月；天遇见地，有了永恒；人遇见人，有了生命。人生，总是在最美好的时光里遇见。前天，我还在青藏高原高寒草甸上直面风霜；昨天，我还在河西走廊上追赶骄阳；今天，我在新的起点上遇见了砥砺前行中的成大，遇见了一群"伟大的普通人"和"奔跑的追梦人"。因为遇见，我拥有了无数平凡、琐细中的美好、温暖与感动。

"时代楷模"曲建武说，"幸福就是从事自己喜欢干的事"。于我，最幸福的事就是无论是负责团学、党建、公寓、资助、安全、医保，还是班级日常事务，我都能与学生们在朝夕相伴的生活中一起成长。不论是在班团组织生活、"新生杯"篮球比赛、班级内部辩论还是班级集体庆生、创新创业比赛，我都始终把为党育人、为国育才的事业放在心上、抓在手上、扛在肩上，打开学生的"心扉"、走进学生的"心灵"、启发学生的"心智"、澎湃学生的"心潮"。因为坚信我们要在白纸上画出色彩，要为追梦人插上翅膀，要让每一个青春朝气蓬勃、熠熠生辉；我们将走进一颗颗火热的心灵，贴近一张张纯真的笑脸，参与一段段温暖的故事；我们会接受和理解每一个学生的性格特点，浇灌和等待每一颗青禾的茁壮成长；我们见证着、骄傲着今天青春动人的千姿百态变成未来铺遍山河的万紫千红。

以会计学 2018-1 班（校级十佳文明班集体）为例，该班有 2019 年中国国际"互联网+"大学生创新创业大赛获奖者 4 人，全国大学生电子商务"创新、创意及创业"挑战赛获奖者 8 人，全国市场调查与分析大赛获奖者 2 人，国际企业管理挑战赛获奖者 3 人……从院级竞赛到校级竞赛，从省级竞赛到国家级竞赛，该班同学人均获奖超过 4 项。从参与中国国际智能产业博览会，用青春的力量，为经济赋能，为智博添彩，到助力 2020 "双循环·双城记"天府论坛，近距离感受成渝地区双城经济圈建设的魅力，同学们在各类志愿服务中实现自身成长、传递文明力量。

学生公寓是育人的传统场域，又是育人工作的全新高地和育人工作检验场。不论是开展思想政治教育进公寓、党团组织进公寓、辅导员/班主任/专业课教师进公寓，还是站好疫情防控岗、筑牢疫情防护墙，我始终坚持长短结合、普特结合、平战结合的工作思路，守土尽责、发挥作用，坚守在引领青年思想认识、保障学生身心健康、维护校园和谐稳定的"第一线"。疫情以来，我深入寝室60余次，开展橙园微课25次，与学生谈心谈话50多次、理论宣讲6次。我用实际行动站好了疫情防控公寓岗，关注学生公寓生活中的堵点、痛点和难点，为学生的健康安全提供坚实保障。我"人性化""高效率"组织了11栋、12栋、13栋190多名学生的宿舍搬迁工作；组织党团志愿者帮助2016届528名毕业生安全离校；成立公寓育人工作室，探索以学生公寓为基础的"诚信书院"建设。

疫情以来，我一直在思考如何守好自己的"责任田"，把"面对面"沟通改为"键对键""心与心"交流，推出系列战"疫"第一课，给同学们上好这堂关于爱国教育、科学教育、公民教育与生命教育的思政"实践教育课"。

坚守情怀，领航青春。很幸运，我们成长在最好的时代——一个辅导员责任神圣、使命光荣的新时代；很幸福，我们站立在最好的舞台——一个诠释青春担当、诉说无私奉献、彰显家国情怀的大舞台。

2021年，让我们再出发。从辅导员的"幸福感""获得感""成就感"谈起，恪守职责、坚守岗位、脚踏实地，做学生看得见、摸得着、信得过、学得了的人生导师。

谢谢大家。

公寓育人工作发言实录

尊敬的各位领导，亲爱的同仁们：

大家好！学生公寓是育人的传统场域，又是育人工作的全新高地和育人工作的检验场。2020年，我院公寓育人始终把学生生命安全和身体健康放在首位，坚持"树正气、树榜样、树典型"的正确导向，推进以学生公寓为基础的书院育人模式创新，用耐心、热心、贴心的服务筑牢学生公寓疫情防控"墙"，提升学生公寓育人成效。

一年来，我们推进思想政治教育进公寓，将学生公寓作为各类主题教育开展的物理空间和组织单元，将思想政治教育主题活动融入学生学习生活的基本单元。同时，我们利用新方式、新手段、新媒介切近学生实际，将解决思想问题与解决实际问题结合起来，将引导学生与服务学生结合起来，为学生做好事、办实事、解难事，促进学生健康成长。

一年来，我们推进党团组织进公寓。有党员的地方，党组织就在哪，党员的作用就发挥到哪。学生3栋公寓党员服务站实行党团"一个身份、两个舞台"，有机结合、适当分离的双重管理机制，推进党员、入党积极分子、团员骨干"亮身份、做表率"，广泛参与公寓的日常管理，开展朋辈辅导、消防安全宣传，推进党员负责宿舍疫情防控网格化管理，实现党团服务学生全覆盖、无遗漏。

一年来，我们推进辅导员/班主任进公寓，深入开展谈心谈话，及时了解学生思想动态，开展系列"爱成都、爱成大、迎大运"主题活动，有针对性地开展思想教育与引导工作。我们协同宿管中心、楼栋处理学生各类突发事件，参与学生内务、纪律管理，指导3栋公寓党员服务站建设，开展各类学生公寓文化，发挥学生公寓育人功能。

一年来，我们推进公寓文化建设，开展系列"橙园微课"，利用绿色周二、文明寝室评选等关键时间节点，提升"四美"公寓氛围营造，推动"四美"公寓品牌文化创建。同时，以加强书院文化凝聚力和感染力为切入点，我们引导新时代青年学生将知校情、明校史、铸校魂与"四史"学习教育、疫情防控有机结合起来,营造文明、和谐、健康、活泼、向上的公寓文化。

谢谢大家。

师者，应"修于内"

夜深人静，毫无睡意。起身烧壶开水，倒在玻璃瓶中，抱着捂一捂受冻的双手，顿时幸福感爆棚。边喝水边打开微信朋友圈，点点赞，干干别的。

师者，传道授业解惑也。古人云："经师易求，人师难得。"教师既要精于授业解惑，更要以传道为责任。一名好教师，既要是"经师"，更要是"人师"；只有"修于内"方能"形于外"。

理想信念，是源头活水，是好教师的人格基石。乡村教师支月英 30 多年倾心相守、黑发积霜，为大山深处的孩子们点亮了"知识改变命运"的灯塔；新疆老人潘玉莲开办"爱心小课堂"，25 载含辛茹苦，让 2000 多个孩子有机会走向更广阔的人生之路；浙江淳安 12 位老师爱心接力，3 年来轮流走山路去上课，让 13 岁的残疾孩子也有梦想花开的机会……类似的价值选择与职业坚守，令人动容，给人温暖。崇高的理想和坚定的信念，是教师的立身之本，也是"修于内"的根本。有了这样的根本，方能站得高、看得远，眼界宽广，心胸开阔，才能在三尺讲台维系着国家和民族的命运。

道德情操，是境界修为，是好教师的核心品质。教师的职业特性决定了教师必须是道德高尚的人。合格的教师首先应该是道德上的合格者，好教师首先应该是以德施教、以德立身的楷模。学生对教师，不仅会听其言，更会观其行。一个教师如果在是非、曲直、善恶、义利等方面都有问题，怎么能担当起立德树人的重责？教师只有取法乎上、见贤思齐，以德立身、以身作则，学生才能以师为镜，自觉践行社会主义核心价值观。

扎实学识，是行动利器，是好教师的实践工具。著名教育家苏霍姆林斯基曾举过这样一个例子，有位年轻的校长去听一位教师上几何课，他的思想完全沉浸在这位教师精湛的讲解中，以至于当这位教师问学生"你们谁能回答这个问题"的时候，这位校长全然忘记了自己是来听课的，竟举手说："我！"苏霍姆林斯基称赞"这才是真正的艺术"，这才是最具学识和魅力的教师。如果知识储备不足、视野不够，教学中必然捉襟见肘，更谈不上游刃有余。

仁爱之心，是幸福之本，是好教师的职业底色。"爱人者，人恒爱之；敬人者，人恒敬之。"仁爱作为一种做人的美德，是古今中外各界人士崇尚的行为。教师的爱不是一般的爱。习近平总书记说："爱是教育的灵魂，没有爱就没有教育。""好老师要用爱培育爱、激发爱、传播爱，通过真情、真心、真诚拉近与学生的距离，滋润学生的心田。""好老师应该把自己的温暖和情感倾注到每一个学生身上，用欣赏增强学生的信心，用信任树立学生的自尊，让每一个学生都健康成长，让每一个学生都能享受成功的喜悦。"

做"有理想信念、有道德情操、有扎实学识、有仁爱之心"的好教师，我们永远在路上。师者，"修于内"方能使"形于外"如一首诗，韵味长存；如一幅画，清新高雅；如一棵松，正直伟岸；如一座碑，坚实高大。

静心笃行，绽放精彩

昨天晚上在办公室浏览科学网，看到一篇关于任继周院士的文章《中国工程院院士任继周：中国草地农业"播种者"》，对于一个前天在青藏高原高寒草甸上直面风霜，昨天在河西走廊上追赶骄阳，今天在实验室不灭的灯光下探寻学问之道、书写道德文章的后来者来说确实能够真切地感受到"天苍苍，野茫茫，风吹草低见牛羊"的意境。

就在前两天，知道之前申报的两项国家发明专利获得国家知识产权局的正式授权。在听到这个喜讯的时候，我完全没有了学生时代的那种满足感，只是觉得课题组每一项成绩的获得，都是在大家的努力下完成的，与每一位的辛勤工作是分不开的。同时，面对当下的工作时需要坚持不懈，更要保持一如既往的工作作风！

在新疆塔里木河流域有一种植物，名叫"胡杨"，维吾尔语叫"托克拉克"，意为"最美丽的树"。由于它顽强的生命力，以及惊人的抗干旱、御风沙、耐盐碱的能力，人们又叫它"沙漠英雄树"。由于其本身生长环境的恶劣性以及能够耐得住寂寞，能做到活三千年不死，死三千年不倒，倒三千年不朽。

在我们中华大地上，总有那么一批不求显达的志士，总有那么一批无私奉献的中坚，总有那么一批淡泊名利的士子，如胡杨一般，如中流砥柱，撑起整个江河大川。

通过这段日子的一些观察，我发现一些学生有些浮躁与功利。当社会的大门向你们打开时，对于今天的你们，老师们最担心的或许就是，市场的名利考验会放大你们的焦躁与不安，网络时代的信息浪潮会模糊你们看世界的眼睛，虚拟世界的纵横驰骋会让你们忘却现实世界的艰辛和你们应该承担的家国责任。

此时此刻，我想起了王清远校长寄语2015级新生的话：静心笃行，绽放精彩。

故而，在一个经济繁荣的时代，在一个霓虹喧闹的社会，希望大家都能挺起"自爱、自修、自尊、自强"的成大精神脊梁，安静地思考、平静地吸收、执着地探究，重建内心的象牙塔。希望大家为自己摆放一张"安静的书桌"，静思、勤学、笃行，让这精气神内化于骨髓，外塑形象、强练内功，从优秀走向卓越。

以花为媒，遇见最好的自己

从普达措国家公园回来的路上，途经一家咖啡店，点了杯摩卡和两个甜甜圈，拿出前两天刚买的英国作家詹姆斯·希尔顿（James Hilton）的著作《消失的地平线》(Lost Horizon)。

也许昨夜太过于安静，醒来了四五次，后来彻底睡不着了，觉得为啥夜过得如此之慢，好像每一分钟都沉重得非要推动，才能过到下一分钟。无奈之余，看会儿奥运会开幕式，把时间一步一步往前使劲推一推，才终于熬到了天亮。窗外，几只麻雀在屋顶欢快地歌唱，好像在迎接我，道声："龙哥，早安！"整理好行囊，拿起相机，行走在古城的大街小巷，触摸着这里的一砖一瓦，以一个流浪者的角色记录自己行走的每一步。一杯牦牛奶，一块油酥饼，带着老板对我的热情称呼"扎西"，我来到普达措国家公园。

普达措国家公园位于滇西北"三江并流"世界自然遗产中心地带，由国际重要湿地碧塔海自然保护区和"三江并流"世界自然遗产哈巴片区之属都湖景区两部分构成。行走的旅途中，专门查阅了一些资料，才晓得原来"普达措"为梵文音译，意为"舟湖"，是"碧塔海"的藏语原名。普达措最早载于藏传佛教噶玛巴活佛第十世法王所著《曲英多杰传记》。书中写道，有一具"八种德"的、名叫普达的湖泊，僻静无喧嚣，湖水明眼净心。湖中有一形如珍珠、装点曼陀罗的小岛，周边是无限艳丽的草甸，由各种药草和鲜花点缀。山上森林茂密，树种繁多，堪称天生之"普达胜境"。

午间，行走在栈道，看着那一股股可爱的水流淌在鲜花绿叶丛中，闪耀着粼粼光艳，默默无语的牦牛、犏牛像点点墨色，点缀在藏民屋顶烟筒冒出的炊烟里，清新干洁的空气里弥散着淡淡青稞酒芬芳，多么美好的环境哇！好想让这花做我的媒人，在宛如天堂的高原里遇见一个更美好的自己。

此刻，金色的夕阳到处流泻着，我一人还在柔和的音乐里翻阅着今天拍摄的照片。有时候，真觉得造物主是如此神奇，他把人放到了这个世界的不同角落，让他们讲述着不同的传奇，演绎着不一样的人生。奇妙的是一场场说走就走的心灵旅行，把我这个凡夫俗子带到了不同的角落，让我有机会去阅读、体会、感悟这样的传奇。

所以，生命的张力不仅仅可用功勋卓著来彪炳，也可以用永不停歇的足迹来丈量，您觉得呢？反正我是这么觉得的。

梦

清晨,我在睡梦中被军营里的军号声惊醒,才感觉到我该启程回昆明了。

和顺,这样一个有着"最中国"名字的古镇,充满传统文化的关键词,小巷交织,溪流淙淙,男人儒雅,女人亲和。它的美,它的好,在不知不觉间封存在我这凡俗人的梦境里。

昨天,一人带着相机,在古镇外面的池塘里、稻田边拍了三个多小时的荷花,黑乎乎的泥弄脏了我的衣服,却让我亲眼看见了亭亭玉立的花中仙子的美丽娇容。可是,拍摄过程中总感觉哪里拍摄得不是很到位,担心这么美好的景色没有很好地被定格,有点太可惜了。雨后的小镇,行人不是很多,老人背着手,搭着一个旱烟杆子,悠闲自在地在弯弯曲曲的小巷道里踱步,小孩相互打闹、嬉戏。街边门前炉中的青烟轻轻腾起,在高空一圈一圈袅袅散去。

黄昏时分,小镇上游客零零散散地进进出出,我站在彩虹桥上,选好一个角度想多拍摄几张。看着如此多娇的江山美景,没有几张瞬间记忆那可是太可惜喽。两座牌坊互相沁着温暖柔和的光影,树影、桥影、人影,一一映在流动的水中,生动、美妙、自然。暮气四合,乡村的田野开阔而辽远,劳作了一天的农人带着幸福的笑容归来,老宅屋顶慢慢腾起一缕缕炊烟。依在石栏上,望着高远的晴空和远处叠嶂的高山,看着绿油油的稻田和戏水的鸭子,静美的时光完全在这一刻停顿,内心在这一刻有了无限的宁静与平和。

故乡记忆

千里良田，万里沃野，阡陌纵横，一马平川。
远远围墙，隐隐茅堂，热闹村舍，收尽眼眸。
嘶风六骏，扈殡元勋，青冢为山，独向黄昏。
唯愿吾国，物阜民康，繁荣富强，昌盛永久。

在秦岭山脉和黄土高原的怀抱之中，有一片古老而神奇的平原。这里土地肥沃，物产丰富，风调雨顺，南北宽百余里，东西长四百余里，号称"八百里秦川"。

午后，一人阔步行走在这古老而焕发着时代新气象的平原，呼吸着最贴近土地的气息，顿时觉得浑身都是劲。

登高望远，是看得见的山，望得见的水，记得住的乡愁。这一切的一切，不仅仅是好山好水，更是八百里秦川文化繁盛、润泽心灵的好气象、好风景。

陪你走向未来

深秋，窗外的雨淅淅沥沥，下个不停；窗内灯火通明，奋笔疾书，整理一日即将入梦的思绪。

夜晚，一人撑着伞，淌着水穿行在一栋栋教学楼间，开启夜晚的工作，每一次拐一个弯，仰起头，感受到前方教学楼上那灯火通明的温暖，我都会激动不已，仿佛自己真有点像巴金先生名篇《灯》中的旅途人，找到了自己奔赴行走的方向……不经意间，为他人掌灯，成了我的习惯。

有首歌是这么唱的：静静的深夜群星在闪耀，老师的房间彻夜明亮，每当我轻轻走过您窗前，明亮的灯光照耀我心房……老师的一言一行，无疑对学生的影响深远重大。有调查显示，受访者认为好老师对学生道德水平（65.3%）影响最大，其次是学习能力（57.9%），其他还包括知识水平（53.8%）、价值观（51.2%）、性格（41.6%）、习惯（37.4%）、志向（37.3%）等。

习近平总书记强调："教师重要，就在于教师的工作是塑造灵魂、塑造生命、塑造人的工作。一个人遇到好老师是人生的幸运，一个学校拥有好老师是学校的光荣，一个民族源源不断涌现出一批又一批好老师则是民族的希望。"

每当夜深人静想起这些，真心为自己每一日的行走捏一把冷汗，担心没把正确的"三观"传授给学生。三尺讲台上去容易下来难。一次次怀疑，自己短浅的学识、尚浅的阅历、不足的经验难以点燃学生对真善美的向往。

路漫漫，作为一名平凡的筑梦人，还需沉下心来，持之以恒，把学问学懂弄通，做学生锤炼品格的引路人，做学生学习知识的引路人，做学生创新思维的引路人，陪学生走向未来。

跑步

跑步与写作一直以来是陪伴我成长的一种生活方式，但就在前段时间医生无情地宣布：依照你目前的身体状况，不适合做剧烈的长跑运动，建议你慢走或静坐。这是我无法接受的康复建议。

跑步，在我看来是我的身体与外在世界亲密无间接触的最佳途径。只要我迈开双腿，不论是在平坦的柏油马路，抑或是在崎岖的山间小道，我都可以痛痛快快地跑起来。但就在医生宣布这无情的康复建议时，我的脑子里瞬间是空白的，心里是沮丧的、焦躁的，我不知道该怎么办。

曾经，跑步是为了让自己每天保持最好的状态，为了每天起床都能遇见最好的自己，但无奈只能接受这样的建议。慢慢由以前的长跑变为现在的慢走与慢跑，慢慢打开想象力世界的那扇门。就像嘤鸣湖中的水一样从采石桥下流过，向着民蜀新村的方向流淌，经历过鱼儿的嬉戏，经历过闸门的阻碍，依然默默无声地、不可动摇地流向大海。

村上春树在《当我谈跑步时，我谈些什么》中说，成长的过程并不全然是美好的，总会有一些痛苦与无奈，与其厌恶和躲避这些痛苦和不愉快的事情，倒不如接受这个不完美的世界，接受这个世界的无奈。所以，不一定要在走或跑的形式间约束自己，而是以轻松的状态去面对生活，或许就没有多少可以顾及或后怕的了。

米兰·昆德拉曾说过："旅程无非两种，一种只是为了到达终点，那么人生便只剩下了生与死的两点；另一种是把目光投入到沿途的风景和遭遇中，那么他的生命将是丰富的。"

我慢慢接受这样的慢走与慢跑，因为确确实实没有百分之百完美的生活，不过我相信，无论何种方式都是漫长的修炼过程，只要我随着身体的节奏，遵从内心的声音，坚持做喜欢的事情。

成都，一座水做的城

水，乃世间万物之"始基"。文明伴水而生，城市因水而成。据《成都城坊古迹考》考证，秦国宰相张仪在成都修建第一座像样的城市时，由于当时尚无排水河道，泥土潮湿，故城墙修一次塌一次。传说"忽有大龟浮于江，至东子城东南隅而毙。仪以问巫，巫曰：依龟筑之。便就，故名龟化城"。随后，秦国蜀守李冰溯岷江而上，查考水情，兴建都江堰，引两江流经成都城，进而使成都"水旱从人，不知饥馑"。

水，滋养着生命，孕育着文化。梅契尼科夫曾在《文化与伟大的历史河流》中指出："水不仅仅是自然界中的活动因素，而且是历史的真正动力。"水是自然的、物质的，文化是社会的、精神的。水流淌着岁月，也承载着文化。从司马相如、扬雄到陈子昂、李白、苏轼、杨升庵、张问陶、李调元、郭沫若、巴金、李劼人、杨红樱等，素有"巴山蜀水""天府陆海"美称的成都平原孕育出无数文化名人。

水，滋润着成都这座城，维系着它的记忆与生机。水是成都城市的灵魂，也是成都城市的特色所在。李白说："九天开出一成都，千户万户入画图。草树云山如锦绣，秦川得及此间无？"水不仅养育着这方水土的居民，持续不断地给市民提供着"幸福感"，也使成都成了钟灵毓秀之地，为来蓉的创业者心中孕育着"成都和塞纳河畔的巴黎一样动人"的美好种子。

水流、沃野、城郭，这里成为所有人的天堂。李白、杜甫、苏轼、陆游，这里聚集和接待过从古至今许多伟大的诗人。千百年来，一个"水"字串起了成都平原数几千年的文明史，这个"水"字如此轻盈灵动，又如此厚实沉重。而千百年后，新的创造与这些情怀会在水气淋淋的文字中散发出让人嗟叹的"水库效应"——八方集辏、闲适浪漫、兼容并包、融合发散……

成都，一座水做的城，一座有着2300多年悠久历史的古城，山与水的营造，练就着千百年来蜀人的血性与韧性，滋养着千百年来蜀人的安逸与闲适。

走出蓉城看美景

几个月的计划和等待后,终于要出发了。

从盆地到山地,从平原到高原,自蓉城一路向西,走上大地的台阶,出青城山、都江堰,进入高山峡谷地区。高仰秀美的四姑娘山,北望岷山主峰雪宝顶巍巍。继续徒步搭车,沿着 G317 国道跨过高原的第一道门槛:岷江和大渡河的分水岭,四川盆地和青藏高原的地理界线和农业界限——邛崃山。

一路遇到了好多同行人,在他们的帮助下,终于在天黑之前赶到了马尔康。一下车,高山上的冷风呼呼地刮着,吹乱了我的头发,我迅速穿上外套,带上我的酷帽。一个人行走在这安静的小城,浓郁的藏风,让我的心别有一番感受:仅在汽车站有一面之缘的阿木请我吃晚饭,喝香飘飘奶茶;仅因给小囡囡照了张照片,格桑在分别的时候一直说"有时间来金川我家坐坐,喝杯我亲自做的奶茶"。

晨间,迎着高山的第一缕阳光,整理好行囊,沿着大金川旁的 G303 国道开始新的旅行,边徒步边搭车,一路南行。午间徒步在丹巴美人谷,虽天气炎热,炙烤着高山阔谷,但深山里的藏寨趁着这蓝天白云色彩艳炫,有一种沧桑的美感。这里的一砖一瓦,都好像在向世人诉说着什么。有人曾说,"丹巴楼上藏美人,康定城里唱情歌"。午饭过后,出于行程安全的考虑,买了客车票前往康定。随着夜幕在这座城里慢慢降临,霓虹闪烁,把酒当歌,康巴藏族的豪情把我从那柔情似水的美人谷带到了扛鼎抃牛的汉子世界。

一点左右才联系好出行的车子,出乎意料的是司机五点就给我打电话说:"大哥,启程喽!"虽然头还是有些沉重,但想着美好的前方在等待着我,急急忙忙起床,收拾行囊。

前行的车子缓缓翻越折多山口。折多山作为大雪山一脉，是重要的地理分界线，西面为高原隆起地带，有雅砻江；右为高山峡谷地带，有大渡河。折多山最高峰海拔4962米，垭口海拔4298米，与康定市的海拔落差达1800米，是川藏线上第一个需要翻越的高山垭口，因此有"康巴第一关"之称。折多山既是大渡河、雅砻江流域的分水岭，也是汉藏文化的分界线，翻过了折多山，就正式进入了康巴藏区。"折多"在藏语中是弯曲的意思。折多山的盘山公路确实是九曲十八弯，来回盘绕就像"多"字一样，拐了一个弯，又是一个弯。海拔骤升，高原反应隐隐袭来，难怪当地人有句话叫"吓死人的二郎山，翻死人的折多山"。道路旁，有藏寨依山傍水，寨子前小溪流过，几棵挺拔的白杨守候一侧。看着如此美景，有些许陶醉，仰望天空，云彩在游走，好想站在云端，像孙悟空一样腾云驾雾，回到那心爱人的身旁。

光线不断在变幻着，清澈无邪的蔚蓝，这就是我与新都桥的一见钟情。那一刻，我升起风马，不为祈福，只为守候你的到来；那一日，垒起玛尼堆，不为修德，只为投下心湖的石子；那一夜，我听了一宿梵唱，不为参悟，只为寻你的一丝气息……

我喜欢这样的人，无论是多么辛苦的生活，总是不忘记制造美和散发美。我喜欢这样的美，积极、明媚、自然、真实；我喜欢这样的感觉，天空辽远、草地宽阔、马儿奔腾、牧人悠闲，我站在其间渺小如尘埃，但发自内心的感动、快乐、欣喜却随着这高原无限铺陈。

我初识理塘是源于六世达赖仓央嘉措笔下的情诗，从他的诗中读出了初识乍遇的羞怯，两情相悦的欢欣，失之交臂的惋惜，山盟海誓的坚贞，对于负心背离的怨尤。但当漫步在这川西小城，才晓得理塘最有名的当属长青春科尔寺。作为康区历史最悠久、规模最大的藏传佛教格鲁派寺庙，同藏区有很多传奇一样，它也是一座有故事的寺院。

终于在夜幕降临之前冒着雨赶到"最后的香格里拉"——稻城亚丁。其实，稻城亚丁的三座神山，就是著名的"念青贡嘎日松贡布"，藏语的意思为终年积雪不化。这三座雪山在佛教中分别代表佛的身、语、意，也是众生身体、思想、心灵的三种依怙。有人说，"如果说川西是一生中一定要去的地方，稻城就是那个地方的灵魂"。晚间，屋外的雨像豆子般往下掉，仿佛淹没了整个小城。

还记得唐代诗人高适在《别董大》中写的那句"莫愁前路无知己，天下谁人不识君",一直以来我都很珍惜朋友之间的这种情谊。酒过三巡,菜过五味,觉得来自东北的大山家老板和我有那么点同道中人的感觉,其间他给我讲了很多他的情感经历和生活感悟,让我感同身受。

北京这座城，成都那座城

有人说："成都，一座失去古城灵魂的城市。"为什么这样说呢？因为西安、北京、南京、苏州、杭州等城之所以可以光明正大地称自己为古城，因为它们有钟鼓楼、古城墙、城门等作为见证。而成都的城墙已不在，取而代之的是现代化的大楼。也有人说："成都是中国都城史上的特殊样本。"自宝墩古城到金沙遗址，在先秦时期先后有五代古蜀王在成都建立都城，创造了灿烂的宝墩文明、三星堆文明和金沙文明。古蜀文明被世人称为世界第八大奇迹，以成都为中心的长江上游地区成为中华文明的发源地之一。秦以后，成都也先后成为成家、蜀汉、成汉、前蜀、后蜀等五个重要政权的都城，城市历劫不衰，城址千古不徙，可谓都城史上的特殊样本。

北京，祖国的首都；成都，四川的首府。两座城行政级别虽然相差一大截，但彼此却有许多相通相似之处。北京从燕国开始，直到中国历史上最后五个朝代都是中华都城；成都自蜀王开明九世迁都城至此，经历过刘备等六位君主先后在这里立国称帝定都。北京与成都，自古都是周边的商贾之地。至今，王府井和春熙路仍是全国闻名，仍是两地的商贸地标。北京自秦汉以来，一直是中国北方的重镇，是中国的政治、文化中心；成都一直是西南地区重要的政治、经济和文化中心。

包容、闲适是北京与成都两城最突出的共有特征。虽然北京话和成都方言初说粗听时明显不同，但是稍微讲慢些，彼此听说交流却无多大障碍，因为两地方言同样出自北方语系。虽然各自浸染着燕赵文化和天府蜀文化，但两城人却对外来族群很宽容。老北京人的"范"是提鸟笼坐茶馆，老成都人的"耍"是坐茶馆提雀笼。北京人爱"侃"，成都人喜欢摆龙门阵，天南地北、海阔天空都是谈资。

走在笔端看世界

有好长一段时间没有写作了，以至于每次想写点什么，准备下笔的时候却不知道该写什么。但是一次次写作的冲动，让我不得不重新面对自己。我决定诚心地面对自己，在这华灯初上的夜晚，独自行走在风雨交加的校园，静静地欣赏着校园的夜色，静静地思考着今夜走在笔端的世界。

回到家中，褪去一天的疲劳，结束一天的繁杂，狂奔到陋室之中寻觅一片宁静，如农夫走向希望的田野，蜜蜂飞向幸福的花海，一个人沉浸在外人无法理解的静谧世界，开启今夜的笔端旅行。

看着眼前一排排整齐的经典书目，从《平凡的世界》到《重温最美古诗词》，从《老子》到《吕氏春秋》，从《林徽因传》到《吾国与吾民》，这一本本书见证着我的成长与成熟。与书对望，"相看两不厌，只有敬亭山"。夜深人静，置身书海，结庐在人境，而无车马喧，芸芸众生纷至沓来，信笔涂鸦，神游纸稿间，大千世界跃然纸上。

走在笔端看世界，就是从安静的角度去看世界的热闹，去看热闹背后无限广袤的世界。走在笔端看世界，就是自我内心的安静。泰戈尔曾说："外在世界的运动无穷无尽，证明了其中没有我们可以达到的目标，目标只能在别处，即在精神的内在世界里。"

走在笔端看世界，就是让思想在笔端流淌，只有行走在思想长河的两岸，才能捡拾起令人心醉的浪花。身为一名教师，教育是植根灵魂的活动，没有思想的支撑，一切教育活动都将成为没有灵魂的躯壳。走在笔端看世界，就是对平日里教育活动或教育思想的记录、评析、反思，既有对教育现象的观察，也有对教育规律的探究，更有对教育活动的反思与改进。

思考良久，走在笔端看世界，吾手写吾心，身为一名教师，需常用一双真实之眼，用一支探究之笔，用一颗平和之心，行走在日常的教学之路。走在笔端看世界，需要用思想来传递，借助文字来表达，燃起沉睡在心灵深处的激情。

　　这么美好的夜晚，清清爽爽，时针不停在转动，窗外的雨嘀嗒嘀嗒，好有一番情调。